Die Stadt im Mittelalter

Kompaktwissen Geschichte

Herausgegeben von Gerhard Henke-Bockschatz

Die Stadt im Mittelalter

Von Oliver Plessow

Reclam

RECLAMS UNIVERSAL-BIBLIOTHEK Nr. 17074

Gestaltung: Cornelia Feyll, Friedrich Forssman
Gesamtherstellung: Reclam, Ditzingen. Printed in Germany 2013

ISBN 978-3-15-017074-8
www.reclam.de

Inhalt

Einführung

In nahezu jeder Stadt Mitteleuropas sind heute noch Spuren des Mittelalters zu finden, sei es eine Kirche oder ein Rathaus, ein Stadttor, das Bruchstück einer Mauer oder auch nur ein alter Straßenname. Diese Überreste erinnern daran, dass die Wurzeln vieler moderner Städte in das halbe Jahrtausend zwischen 900 und 1400 zurückreichen. In dieser Zeit wurde der Grund für die räumliche Verteilung städtischer Siedlungen gelegt, wie sie die Landschaft bis in die Gegenwart hinein bestimmt. Schon dies macht es lohnenswert, den Blick zurück auf eine Epoche zu richten, die unsere heutige Lebenswelt über alle Brüche hinweg prägt.

Trotz aller Kontinuität ähneln heutige Städte ihren mittelalterlichen Vorfahren allerdings nur noch bedingt. Wer sich an Ort und Stelle 500, 600, 700 Jahre zurückversetzen könnte, würde manches wiedererkennen, vieles aber auch nicht. So gehen heute etwa Stadt und Land allmählich ineinander über, nur nach und nach wird die Bebauung dünner. Im Mittelalter dagegen waren die meisten Städte durch ihre Mauer klar gegenüber dem Land abgegrenzt, obwohl es vor den Wällen noch manches Gebäude gab. Und selbst wenn man sich keine allzu finsteren Vorstellungen vom Mittelalter machen sollte, würden uns mittelalterliche Städte insgesamt wohl dreckiger und dunkler vorkommen. Fremder als das Sicht-, Hör- und Riechbare könnte uns schließlich das Leben der Menschen erscheinen: ihr von der Religion bestimmter Alltag, ihre strengen Rituale, vor allem aber ihr eigentümliches Rechtssystem mit seinem Nebeneinander von Freiheit und Unfreiheit, Gleichheit und Ungleichheit.

Über diese Welt der mittelalterlichen Städte eine erste Orientierung zu geben, ist Ziel dieses Bandes. Er versucht eine dreifache Annäherung an das Phänomen der mittelalterlichen

Städtewelt: Ein erster darstellender Abschnitt durchmisst deren Geschichte vom Ausgang der Antike bis zum Beginn der Neuzeit und verdeutlicht, wie aus ersten Anfängen allmählich städtische Siedlungsformen erwuchsen. Ein zweiter darstellender Abschnitt konzentriert sich auf zentrale Aspekte städtischer Lebenswelten, als sie in Mitteleuropa zur vollen Ausprägung gelangt waren, also von etwa 1250 bis 1500. Hier wird dargestellt, wie sich das Leben in Städten typischerweise gestaltete und organisierte. Für beide Abschnitte bietet dabei jenes Wissen die Grundlage, das aus Sicht der Geschichtsforschung heute als gesichert gelten kann. Deren wichtigste Diskussionen sind in einem eigenen Kapitel wiedergegeben. Denn trotz intensiver Erforschung seitens der Geschichtswissenschaft gibt es weiterhin strittige Fragen zu zentralen Punkten. Zudem entziehen sich einige Dinge unserer genauen Kenntnis. Auch dies gehört zur Beschäftigung mit der Vergangenheit: darüber Rechenschaft abzulegen, wo angesichts einer eingeschränkten Zahl überlieferter Quellen die Grenzen des Gesicherten liegen.

Die Darstellung konzentriert sich weitgehend auf Mitteleuropa. Es geht also vornehmlich um die Entwicklung im Heiligen Römischen Reich, das selbst erst entstand, als sich auch das mittelalterliche Städtewesen auszubilden begann. Die Kürze bedingt, dass manches holzschnittartig ausfallen muss und anderes gar nicht behandelt werden kann. Es gilt, wichtige Trends aufzuzeigen, denn ohnedies lässt sich *die* Geschichte *der* mittelalterlichen Stadt nicht nachzeichnen. Zu vielfältig sind ihre Erscheinungsformen, zu unterschiedlich ist ihre Entwicklung in den jeweiligen Jahrhunderten.

Was ist Gegenstand dieses Buches? Schon das Mittelalter selbst tat sich schwer damit, zu benennen, was genau als Stadt gelten kann. Isidor von Sevilla, der zu Beginn des 7. Jahrhunderts ein Lexikon zusammenstellte, auf welches das ganze Mittelalter über zurückgegriffen wurde, beschrieb sie lediglich vage als eine »Menge von Menschen, die das Band einer Gemeinschaft zusammenschließt«. Tatsächlich muss der Stadtbegriff für die Zwecke einer ersten Einführung sehr offen gehalten werden. Sicherlich ist das Zusammenleben auf engem Raum eine notwendige Bedingung, um bei einer Siedlung von einer Stadt sprechen zu können. Darüber hinaus ist die Zentralität einer Siedlung im Vergleich zum Umland entscheidend. Mehrere Kriterien können dafür sprechen, dass eine Siedlung die Funktion eines Zentrums einnahm: ihre Rolle als Handelsplatz oder als Herrschaftssitz, als religiöser Mittelpunkt oder als kultureller Bezugspunkt.

Eine Besonderheit der voll ausgebildeten mittelalterlichen Stadt war die von den Bürgern gebildete Gemeinde: Bewohner einer Siedlung beanspruchten gemeinschaftlich einen eigenen Rechtsstatus für sich und wollten bei der Besetzung von städtischen Führungspositionen mitreden. Manche Historikerinnen und Historiker finden, dass erst diese Eigenschaft eine Siedlung im Mittelalter wahrhaft zu einer Stadt mache. Dies jedoch hier als Grundlage einer Definition zu nehmen, ist insofern nicht sinnvoll, als die Gemeindebildung erst Produkt einer Entwicklung ist, die es in diesem Band darzustellen gilt. Bei vielen der im ersten Abschnitt dargelegten Erscheinungen lässt sich noch gar nicht von ›Städten‹ sprechen, sondern allenfalls von Vorformen. Erst allmählich bildeten sich inmitten einer fast städtelosen Gesellschaft Siedlungszentren, deren Bewohner ein Gemeinschaftsgefühl entwickelten, aus dem über die Jahrhunderte in vielen Fällen ein Sonderstatus erwuchs.

Ergänzt wird die Darstellung um eine Zusammenstellung zeitgenössischer Quellen. Diese bietet eine Auswahl eingeführter Texte, die beispielhaft allgemeine Entwicklungen des mittelalterlichen Städtewesens aufzeigen können. Neben Quellen, welche Stationen auf dem Weg der Städte zu autonomen Gemeinden markieren, finden sich auch solche, die einen Einblick in das Leben mittelalterlicher Stadtbürger erlauben.

I Darstellung

Entstehung und Entwicklung der Städte im mittelalterlichen Europa

1 Kontinuität und Neubeginn

Antike Wurzeln

Städte sind keine Erfindung des europäischen Mittelalters, sondern der Antike. Ihren Ursprung haben sie in den frühesten Hochkulturen der Menschheit: am Jordan, am Nil, an Euphrat und Tigris, am Indus, am Gelben Fluss, am Jangtsekiang. Typisch war die städtische Siedlungsform auch für die Gesellschaften im antiken Griechenland und im alten Rom. Für die Griechen war die Gliederung in *Poleis* (Stadtstaaten) gar so kennzeichnend, dass sie einen gemeinsamen Begriff für ›zur Stadt gehörig‹ und ›zur Gemeinschaft gehörig‹ hatten, der bis heute im Begriff der ›Politik‹ weiterlebt. Seit dem 8. Jahrhundert v. Chr. verbreiteten Griechen und Phönizier das Siedlungsmodell im gesamten Mittelmeerraum. Ihnen folgten die Römer: Vom Atlantik bis zum Schwarzen Meer dienten dem Römischen Reich Städte als Zentren von Militär und Verwaltung, Kult und Handwerk.

Das Auftreten von Städten stellt einen Entwicklungssprung in der Geschichte der Menschheit dar: Denn wo viele Menschen auf engem Raum zusammenlebten, mussten neue Wege gefunden werden, diese zu ernähren und ihr Zusammenleben zu organisieren. Doch nicht alle Regionen wurden bereits in der Antike von dieser städtisch geprägten Zivilisation erfasst. Die durch Mitteleuropa führende Nordgrenze des Römischen Reichs schied eine städtisch geprägte von einer durch und durch ländlichen Siedlungsweise. Weite Gebiete der heutigen Niederlande, Nord- und Ostdeutschlands sowie Tschechiens glichen einer Wildnis. Selbst dort, wo Landwirtschaft betrieben wurde, waren die einzelnen Höfe und kleinen Dörfer gerade leistungsfähig genug, das eigene Überleben zu sichern.

Ganz anders diesseits des Limes, der befestigten Außengrenze des Römerreichs: Die Fundpalette der Römermuseen, Ruinen und nicht zuletzt Namen (z. B. Utrecht – *Traiectum*, Köln – *Colonia Claudia Ara Agrippinensium*, Mainz – *Mogontiacum*, Kempten – *Cambodunum*, Linz – *Lentia*) zeugen heute noch davon, wie reich an Städten die Gebiete westlich des Rheins und südlich von Main und Donau waren. Allerdings führt keine ununterbrochene Linie von diesen Römerstädten in das Mittelalter. Im 5. Jahrhundert begann die Zeit der Völkerwanderungen, die für viele Regionen Plünderungen und Brandschatzungen mit sich brachte. In Mitteleuropa wie in Nordfrankreich und England erlosch ein städtisches Leben weitgehend. Verwaltung, Wirtschaftsgefüge und Verkehrsströme brachen zusammen, ganze Bevölkerungsgruppen flohen und suchten wandernd nach Sicherheit. Nur rund um das Mittelmeer behaupteten sich einzelne Reste städtischer Siedlungsformen.

Selbst wenn archäologische Grabungen jüngst mehr Spuren einer ununterbrochenen Besiedlung als vermutet zutage gebracht haben, ist insgesamt am Übergang von der Antike zum Mittelalter ein Ende städtischer Lebensformen in Mitteleuropa festzustellen. Einst prachtvolle Städte wie die *Colonia Ulpia Traiana* beim heutigen Xanten oder *Carnuntum* östlich des heutigen Wien dienten im Mittelalter lediglich als Steinbruch. Selbst dort, wo wie links des Rheins vereinzelt eine dauerhafte, nach der Römerzeit zahllosen Zerstörungen trotzende Besiedlung anzusetzen ist, bewegte sich diese für ein halbes Jahrtausend auf so bescheidenem Niveau, dass sich kaum von Städten sprechen lässt. Die vormalige kaiserliche Residenzstadt Trier – *Augusta Treverorum* hatte einmal auf 285 ummauerten Hektar 50 000 bis 100 000 Einwohner gezählt, in der

Nachfolgesiedlung lebten hingegen nur noch wenige Tausend Menschen, die sich auf kirchennahe Areale zurückzogen und den Rest des Geländes als Acker und Weide nutzten. Noch stärker wurde das Gebiet zwischen Donau und Alpen von den Wirren der Völkerwanderungszeit erfasst: Hier überdauerte fast allein Regensburg – *Castra Regina*, das früh Herrschaftssitz der bayerischen Herzöge wurde.

Immerhin boten in verkehrsgünstiger Lage an großen Flüssen gelegene römische Siedlungskerne später erste Ansatzpunkte für eine langsame Rückkehr zu städtischen Lebensformen. Diese konnten insbesondere dort neu aufblühen, wo eine antike Stadt Sitz eines frühchristlichen Bischofs gewesen war. Dies hatte mehrere Gründe: Erstens hatte das Kirchenrecht seit jeher vorgesehen, dass ein Bischofssitz in einer Stadt zu liegen habe. Zweitens behielten die Franken, die am Ende des 5. Jahrhunderts die Macht in den vormals römischen Gebieten Germaniens und Galliens (des heutigen Frankreichs) übernahmen, das Bischofsamt bei, nachdem sie christlich geworden waren. Dies garantierte den Fortbestand zumindest einiger Kirchen- und Verwaltungsbauten an zentralen Orten. Und drittens hatten Bischöfe nach dem Ende Westroms und vor der Durchsetzung der fränkischen Königsherrschaft für eine Übergangsphase vor allem in Gallien neben der geistlichen auch die weltliche Verantwortung für eine Region getragen. Sie waren oft die einzig verbliebenen Führungskräfte gewesen. In dieser Rolle beließen die fränkischen Herrscher sie, was wiederum eine Kontinuität des Bischofsamts und damit der Bistumssitze beförderte. So ist für Reims, Metz, Trier und Chur eine kontinuierliche Abfolge von Bischöfen am selben Ort seit der Spätantike unbestritten. Anderswo verlegte man einen bestehenden Bischofssitz an besser zu verteidigende oder verkehrsgünstigere Positionen (Augst – *Colonia Augusta Rauricorum* → Basel, Tongern – *Civitas Tungrorum* → Maastricht → Lüttich).

Um 600 stabilisierte sich die allgemeine Lage. Eine kirchliche Neuordnung, die von den fränkischen Königen gefördert wurde, führte zu einer flächendeckenden Aufteilung des Landes in Bistümer. Hiervon profitierten besonders die Bistumssitze, an denen allmählich wieder städtische Siedlungen gediehen. Im nordöstlichen Teil des Frankenreichs blickten viele von ihnen auf eine römische Vergangenheit zurück: Neben Trier und den späteren rheinischen Erzbistümern Köln und Mainz sind Besançon, Toul, Verdun, Worms, Speyer, Straßburg, Chur, Säben (im 10. Jahrhundert nach Brixen verlegt) und Salzburg zu nennen. Cambrai, wo seit dem frühen 7. Jahrhundert ebenfalls ein Bischof residierte, hatte zumindest eine römische Vorgängersiedlung.

Ein weiterer Grund, warum eine mittelalterliche Siedlung an eine antike Stadt anknüpfen konnte, ist mittelbar ebenfalls mit der Religion verknüpft. Selbst wenn Wohnquartiere verfielen, blieben manche Kirchen wie St. Gereon in Köln, St. Maximin in Trier oder St. Afra in Augsburg erhalten, um die herum sich Jahrhunderte später neue Siedlungen bildeten. Damit konnte eine Verlagerung einhergehen: Die Römer hatten ihre Toten außerhalb der Stadtmauern entlang der Ausfallstraßen begraben. Vielerorts genossen die Grabstätten christlicher Märtyrer eine über die Antike hinausreichende Verehrung, wofür der Vatikan in Rom mit der Kirche über dem Petersgrab das beste Beispiel liefert. Die über den Gräbern entstandenen Kirchen konnten wie in Bonn langfristig zur Keimzelle einer eigenen Stadtbildung werden.

Neuanfänge im Frühmittelalter

Die schrittweise Christianisierung der Regionen östlich des Rheins und nördlich der Donau, in denen antike Strukturen fehlten, nahm zu einem guten Teil vorweg, wo sich später städtische Zentren würden entwickeln können. Frühe Impulse gingen hier zunächst von iro-schottischen, dann von angelsächsischen Mönchen aus, die in den noch unvollkommen vom Christentum durchdrungenen Ostteilen des Frankenreichs und darüber hinaus missionierten. Berühmt sind die Angelsachsen Willibrord-Clemens (›Apostel der Friesen‹ und Begründer des Bistums Utrecht) und Winfried-Bonifatius. Letzterer sorgte 741/742 mit päpstlichem Segen als Missionserzbischof für eine systematische Einteilung Hessens (Büraburg), Thüringens (Erfurt) und Mainfrankens (Würzburg) in Bistümer, nachdem er bereits 739 die noch im vormals römischen Gebiet liegenden bayerischen Bistümer reorganisiert hatte. Dort konnte er an zuvor durch andere Missionare angestoßene Gründungsversuche anknüpfen (Regensburg, Salzburg und Freising, neu hinzu kamen Passau sowie wenig später Eichstätt). Unabhängig von den Missionsanstrengungen der Angelsachsen waren zudem wenige Jahrzehnte zuvor bereits weiter westlich die Bistümer Augsburg und Konstanz entstanden.

Allerdings garantierte die bloße Anlage eines Bischofssitzes noch nicht die Existenz einer späteren Stadt. Zwar brachten die von Bonifatius neu eingerichteten bzw. reorganisierten Bistümer Salzburg, Passau und Regensburg sowie in bescheidenerem Maße Freising und Eichstätt städtische Zentren hervor, die bis heute die Städtelandschaft prägen. Doch von den drei Bistumsgründungen im mittleren Teil Deutschlands hatte nur Würzburg Bestand. Erfurt sollte sich später immerhin noch zur bedeutendsten Stadt Thüringens entwickeln, von der Büraburg beim nordhessischen Fritzlar jedoch blieben nur eine Ruine und eine Kapelle.

Die Einteilung Hessens, (Ost-)Frankens, Schwabens und Bayerns in Bistümer bot ein Vorbild, das auf weitere Missionsgebiete außerhalb des vormaligen Römischen Reichs übertragen werden konnte: Zwischen 772 und 804 verleibte sich Karl der Große die von Sachsen bewohnte Region zwischen Ems und Elbe ein, die so an das Frankenreich fiel. Mit der Eroberung gingen die Christianisierung und Gründung der Missionsbistümer Hamburg, Bremen, Verden, Minden, Osnabrück, Münster, Paderborn, Elze (815 nach Hildesheim verlegt) und Halberstadt einher – fast alle diese Bischofssitze wurden später zu bedeutenden mittelalterlichen Städten. Als zwei Jahrhunderte nach den Sachsen die Slawen zwischen Elbe und Oder bekehrt wurden, folgten die Herrscher demselben Prinzip: 948 wurden zunächst die Bistümer Brandenburg und Havelberg errichtet. 968 folgte auf Initiative Kaiser Ottos des Großen die Gründung der Bistümer Meißen, Merseburg und Zeitz (1029 nach Naumburg verlegt). Zugleich wurde die Kaiserpfalz Magdeburg zum allen Neugründungen übergeordneten Erzbistum erhoben. Nördlich und östlich des Reichs entwickelten sich bis zur Jahrtausendwende ebenfalls kirchliche Strukturen, die vorzeichneten, wo einmal Städte existieren würden: In Dänemark gab es seit der zweiten Hälfte des 10. Jahrhunderts vier Bistümer, und in Polen sorgte der Akt von Gnesen im Frühjahr des Jahres 1000 für mehrere Bistumsgründungen, darunter Krakau.

Bei einem frühmittelalterlichen Bischofssitz war die Wahrscheinlichkeit, dass an ihm später einmal eine städtische Siedlung entstehen würde, mithin am größten. Begünstigt wurde dies zudem an Plätzen, die sich aufgrund anderer Eigenschaften vom Umland abhoben. Das konnte die Anwesenheit eines bedeutenderen Klosters oder Stifts (Fulda, Herford, Gent) sein oder die Möglichkeit, wertvolle Rohstoffe wie Salz (Lüneburg, Halle) oder Erze (Goslar) zu gewinnen. Eine gute Ausgangsposition verschafften ferner Pfalzen, die als burgähnliche Anlagen den herumreisenden Herrschern und ihrem Tross als Aufenthaltsorte dienten. Zwar bot die hervorgehobene Funktion auch hier keine Garantie einer späteren Stadtwerdung, doch erwuchsen aus einigen Pfalzen wie Aachen, Frankfurt oder Dortmund immerhin bedeutsame mittelalterliche Städte. Wo wie in Regensburg ein Bischofssitz mit einem Pfalzort zusammenfiel, erhöhte dies nochmals die Chancen einer nachmaligen Stadtbildung.

Aufmerksamkeit verdienen überdies Orte mit einer besonderen Bedeutung für den Fernhandel. Dieser hatte sich bereits in den frühmittelalterlichen, weitgehend stadtlosen Jahrhunderten etabliert und Waren über den ganzen Kontinent hinweg verfügbar gemacht. Eine Reihe verkehrsgünstig gelegener Plätze in Küstennähe diente als Umschlagplatz für hochwertige Güter. Diese sogenannten Handelsemporien verbanden einen bereits ansatzweise befestigten Hafen mit einer Kaufleute- und Handwerkersiedlung. Emporien wie Haithabu, Dorestadt oder Quentowik, die ausschließlich eine Funktion für den Handel erfüllten, erblühten vom 7. bis ins 9. Jahrhundert, verödeten jedoch danach. Anders gestaltete sich die Lage dort, wo eine solche Kaufleutesiedlung sich an einen aus anderen Gründen hervorgehobenen Ort anschmiegte, z. B. weil sich dort bereits ein Bischofssitz, ein Kloster, eine Pfalz oder eine Burg befand. Insoweit ein Platz damit mehrere Zentralfunktionen auf sich vereinigte, begünstigte dies die Entwicklung einer größeren Ortschaft. Wo man noch auf römische Wurzeln zurückgreifen konnte, waren es auffälligerweise jeweils die Kaufleute, die neuen Siedlungsgrund erschlossen und damit wie in Köln oder Augsburg nachhaltig zu einer Veränderung der ehemaligen antiken Gestalt des Ortes beitrugen. Oft lagen die jüngeren ökonomischen Zentren neben den älteren herrschaftlichen und religiösen Einrichtungen. Die so entstandenen Siedlungskerne konnten sich zunächst zum Teil unabhängig voneinander entwickeln, um erst zu einem späteren Stadium zusammenzuwachsen und etwa mit einer Mauer umfasst zu werden.

Friedenswahrung und Nahrungsmittelüberschuss als Voraussetzungen für die Stadtbildung

Nach einem zunächst sehr langwierigen Prozess entfaltete die Entwicklung im 10. und 11. Jahrhundert eine beachtliche Dynamik. Orte wie Köln, Straßburg oder Magdeburg gewannen in dieser Phase den Charakter von Städten, wie überhaupt nun die Grundlagen für die heutige europäische Städtelandschaft gelegt wurden. Aber warum dieser plötzliche Aufschwung? Mehrere Faktoren spielten hier zusammen. Zunächst einmal mussten die wirtschaftlichen und sozialen Gegebenheiten die Ausbildung von Städten erlauben. Für deren Existenz ist zentral, dass

(a) Menschen in ausreichender Zahl geboren werden und das Erwachsenenalter erreichen, welche eine Stadtbevölkerung stellen können, und dass
(b) die auf dem Land verbleibenden Menschen einen Nahrungsmittelüberschuss produzieren, der diese Stadtbevölkerung ernähren kann.

Diese Bedingungen waren in weiten Teilen Europas erst um die Jahrtausendwende gegeben, als zum einen ein gewisser Grad an militärischer Sicherheit erreicht war und zum anderen Innovationen in der Landwirtschaft zu einer erheblichen Ausweitung der Agrarproduktion geführt hatten. Noch bis ins 10. Jahrhundert hinein hatte man sich bis weit ins Binnenland hinein der Angriffe von Wikingern erwehren müssen, hinzu kamen die Überfälle ungarischer Reiterkrieger, die Ost- und Mitteleuropa plündernd und brandschatzend durchzogen. Ihre Niederlage gegen Otto I. auf dem Lechfeld 955 markiert praktisch das Ende dieser Bedrohung. Gleichzeitig wurde der Ackerbau intensiviert, wurden seine Erträge gesteigert. Bislang bewaldete Flächen wurden gerodet und unter den Pflug genommen, der Fruchtwechsel in der Dreifelderwirtschaft systematisiert, neuartige Agrartechniken eingeführt.

Folgenreich war zudem eine langfristige Neuorganisation der Landwirtschaft hin zu einer stärkeren Eigenständigkeit der Bauern und ihres Wirtschaftens. Anstatt noch größere Flächen mit abhängiger Arbeit zu bebauen, wie sich dies am Ende des Mittelalters östlich der Elbe in der Gutswirtschaft durchsetzen sollte, wurde es westlich der Elbe vielen Bauern möglich gemacht, anfallende Überschüsse selbst zu vermarkten; sie mussten die Grundherren finanziell am Gewinn beteiligen, waren dafür aber einen Teil der ungeliebten Arbeitsdienste auf deren eigenbebautem Land los. In zunehmendem Maße trat so neben die Frondienst- und Naturalabgabenwirtschaft die Geldwirtschaft, die wiederum einen Markt voraussetzte, auf dem der Überschuss der landwirtschaftlichen Produktion Käufer finden konnte.

Die Bedeutung der Märkte

Wenn ihre Funktion als religiöser, kultureller oder herrschaftlicher Mittelpunkt dazu beitragen konnte, die Chancen einer Siedlung, zur Stadt heranzuwachsen, zu erhöhen, ging doch der wichtigste Impuls oft von ihrer Rolle als Handelsplatz aus. Märkte konnten den entscheidenden Anstoß für das Entstehen einer Stadt geben. Deutlich wurde, welchen großen Anteil bereits vor der Jahrtausendwende der Fernhandel daran haben konnte, dass ein Ort an Bedeutung gewann. In der Folge wurden auf immer mehr regelmäßigen ›Jahrmärkten‹ zu wiederkehrenden Zeiten im Jahr Waren von weither abgesetzt. Zudem kam es nun vor, dass sich Fernkaufleute dauerhaft nahe einer (befestigten) Bischofs- oder Klosterkirche bzw. einer Burg ansiedelten. Stadtbildend konnte zudem die Einrichtung eines Nahmarktes wirken, auf dem täglich bzw. wöchentlich die landwirtschaftlichen Produkte des Umlandes verkauft wurden. Die Anwesenheit eines Fern- und Nahmarkts konnte einen Prozess in Gang setzen: In einer wachsenden Siedlung lebten jeweils genügend Menschen, denen es wirtschaftlich so gut ging, dass sie hochwertige Waren konsumieren konnten. Hier konnten sich in der Folge handwerkliche Produzenten hochpreisiger Waren wie Goldschmiede, Kürschner (Pelzbearbeiter) oder Tuchweber niederlassen. Und hier war der Ort für Fernkaufleute, ihre Qualitätsprodukte abzusetzen. Angesichts dieser lokalen ökonomischen Konzentration lag es nahe, denselben Platz auch für den Verkauf verderblicher Grundnahrungsmittel oder niedrigpreisiger Handwerkserzeugnisse zu nutzen. Es kam zu einem frühen regionalen Austausch von Alltagswaren auf Geldbasis. Blühte nun an einem Platz auf derartige Weise das Wirtschaftsleben auf, wurden die Händler und Handwerker ihrerseits zu Konsumenten. Es konnte ein sich selbst verstärkender Wachstumsprozess in Gang kommen, der Menschen dazu bewog (oder sie darauf verpflichtete), sich dauerhaft niederzulassen – weitgehend friedliche Verhältnisse und ein ausreichendes Angebot an Nahrungsmitteln stets vorausgesetzt. Orte in verkehrsgünstiger Lage wurden durch diesen Prozess noch weiter bevorzugt.

Den größten Vorteil hatte ein Ort, wenn ihm bereits Zentralaufgaben zugewiesen waren und er darüber hinaus die Gelegenheit bot, sowohl einen wöchentlichen bzw. ständigen Markt für den Absatz der Produkte des Umlands als auch einen Jahrmarkt für den Verkauf von Luxusgütern abzuhalten. Allerdings war die Frage, wo dies geschehen konnte, nicht allein vom Willen der potentiellen Marktbesucher und jeweiligen lokalen Machthaber abhängig: Tatsächlich war es den Königen und Kaisern bis zur Jahrtausendwende gelungen, die Abhaltung eines Marktes im mittelalterlichen Reich von ihrer Zustimmung abhängig zu machen. Das Marktrecht wurde ebenso wie das Befestigungsrecht oder das Münzrecht ein ›Regal‹, ein Königsrecht. Dieses konnten die Herrscher an Bischöfe, Herzöge und Grafen weitergeben – und nur deshalb wissen wir von alldem, denn nur von diesen Rechtsübertragungen haben sich einige Urkunden bis heute erhalten. Wo der König selbst einen Markt einrichten wollte, bedurfte es dagegen keiner Beurkundung.

Mit königlicher Billigung ging königlicher Schutz einher. Die Herrscher (bzw. die von ihnen begünstigten Marktherren) sorgten für ein geregeltes Marktgeschehen. Typischerweise gab es jeweils ein ganzes Bündel von Maßnahmen: Neben der grundsätzlichen Zustimmung, überhaupt die Abhaltung eines Marktes zu gestatten, gehörten hierzu das Zollprivileg und das Münzprivileg. Der Zoll diente als Abgabe für die Nutzung der Infrastruktur, mit der Münze wiederum wurden in einer Zeit sich ausweitender Geldwirtschaft die notwendigen Zahlungsmittel bereitgestellt. Am Marktort herrschte Währungszwang, nichteinheimische Münzen mussten in die Lokalwährung eingetauscht werden. Ergänzt wurden diese drei Rechte oftmals noch um die Banngewalt, also die Macht, Gericht zu halten und Urteile zu fällen; hierdurch wurde der notwendige Friede hergestellt, d. h. der Schutz gegen Gewalt und Rechtsunsicherheit. Für eine Epoche, in der die Übergänge zwischen Handel und Raub noch fließend waren, ist das eine nicht zu unterschätzende Leistung (*Quelle 1*).

Die älteste Urkunde, in der eine Verleihung von Markt, Münze und Zoll überliefert ist, stammt aus dem Jahr 833 und begünstigt die damals noch junge Benediktinerabtei Corvey. Zunächst kamen geistliche Grundherren und insbesondere Bischöfe in den Genuss dieser Privilegien. Münzfunde und überlieferte Urkunden zeigen, dass diese Entwicklung bis zur Jahrtausendwende im Prinzip alle Reichsbistümer erfasste: So wurden Markt, Münze und Zoll 888 an Bremen, 908 an Eichstätt, 977 an Minden, 989 an Halberstadt und 990 an Hildesheim verliehen. Dass mit der Zeit auch weltliche Herren die Möglichkeit erhielten, dieselben Rechte zu erlangen, zeigt ein Privileg für Villingen von 999, das dem in dieser Region bestimmenden Grafen Berthold die Möglichkeit einräumt, »einen Markt mit Münze, Zoll und aller öffentlichen Banngewalt« einzurichten.

Warum aber gaben die Könige Rechte, die sie für sich selbst beanspruchten, an nachgeordnete Herrschaftsträger bzw. Grundherren weiter? Der hohe Klerus und der Hochadel spielten seit dem Frühmittelalter eine bedeutende Rolle für die Führung des Reichs. Auf beide stützten sich die Herrscher bei der Ausübung der Herrschaft. Herzöge und Grafen banden sich als Vasallen an das Königtum und erhielten im Gegenzug Privilegien. Bischöfe wurden zumindest bis zum Investiturstreit an der Wende des 11. zum 12. Jahrhundert von den Herrschern eingesetzt, dafür stärkten diese die Wirtschafts- und Machtposition der Bistümer (siehe dazu den Band *Herrschaft im Mittelalter* der Reihe *Kompaktwissen Geschichte*).

Der allgemeine Aufschwung des 10. und 11. Jahrhunderts

Mit den insgesamt friedlicheren Verhältnissen und der Zunahme der Bevölkerung ging im Reich nördlich der Alpen wie anderswo in Europa eine Verdichtung der Besiedlung einher. Mangels Straßen hatte der Handel seit dem Ende des Römerreichs für Jahrhunderte keine Fuhrwerke, sondern nur noch Lasttiere genutzt. Die Karawanen hatten die feuchten Flusstäler gemieden. Nun wurden Wege angelegt und allmählich wieder Karren eingesetzt, die Verkehrsströme verlagerten sich von den Saumwegen auf den Höhen in die Täler. Befahrbare Furten erlangten neue Bedeutung. Vermehrt fanden See-, Fähr- und

Fuhrleute Arbeit. An regelmäßig aufgesuchten Rastplätzen lohnte es nun, Gasthäuser und Herbergen einzurichten.

Nach und nach wurden effizientere Wege der Energiegewinnung gefunden, indem man natürliche Kräfte wie Wind oder Wasser in Mühlen konsequenter ausnutzte. Durch die Mechanisierung von Fertigungsschritten wurde Arbeit frei. Erstmals bzw. erstmals seit der Antike wieder kamen Formen der Be- und Entwässerung, des Bergbaus unter Tage und der Salzgewinnung zum Einsatz. Insgesamt lässt sich eine zunehmende Arbeitsteilung greifen, und dies nicht nur in den Siedlungen, aus denen sich dann Städte entwickeln sollten.

In einer früheren Phase waren Gebrauchsgegenstände vor allem im Rahmen grundherrschaftlicher Abhängigkeiten produziert worden: Während die meisten Männer zur Feldarbeit verpflichtet gewesen waren, hatten viele Frauen in den Arbeitshäusern oder daheim für die Grundherren Textilien herstellen müssen. Nun entstanden im Agrarsektor wie im Handwerk neue Formen des Wirtschaftens. Am Übergang vom Früh- zum Hochmittelalter stellten die Grundherren vermehrt Männer für die Verarbeitung und Veredelung von Werkstoffen frei, die besondere Kenntnisse in der Bearbeitung von Metallen, Hölzern, Textilien und Erden besaßen. Diese Handwerker, die in der Regel noch unfrei waren und in der Gewalt eines Herrn standen, sammelten sich an jenen Zentralorten. Dadurch gab es nun neben Kaufleuten und ›Verwaltungsfachleuten‹ der geistlichen und weltlichen Herren eine weitere Personengruppe, die einmal Stadtbürger würde stellen können.

Königtum gab Beute an Adel + Klerus ab -> Stütze der Herrschaft

2 Das Werden eigenständiger städtischer Gemeinschaften

Die mitteleuropäische Städtelandschaft um 1000

Um die Jahrtausendwende wies noch kaum eine Siedlung zwischen Nordsee, Ostsee und Alpen städtischen Charakter auf. Zentralorte, an denen bereits einige Hundert oder gar Tausend Menschen lebten, gab es nur wenige: Die Zahl der Märkte in Mitteleuropa erreichte noch keine 500, und nicht aus allen entwickelten sich später ansehnliche Großsiedlungen. Als Keimzellen späterer Städtebildung wirkten am ehesten die knapp über vierzig Bischofssitze, die es im Reich nördlich der Alpen gab. Noch nicht erwähnt wurde Prag im slawischen Böhmen, dessen erster Bischof 976 geweiht wurde. Olmütz als Bistum für Mähren sollte 1063 folgen. 1007 kam auf Initiative von König Heinrich II. als letztes Bamberg hinzu. Ähnliche Zukunftsperspektiven boten nur einige wenige besonders hervorgehobene Kloster- und Pfalzorte (z. B. Goslar) sowie Orte, die einem andernorts residierenden bischöflichen Herrn unterstanden und der Erschließung einer entfernt liegenden Region dienten (z. B. Soest als kölnischer Vorposten in Westfalen, Erfurt als mainzisches Standbein in Thüringen). Angesichts ihres Alters und ihrer Vorbildfunktion für die weitere Entwicklung hat sich in der Forschung für diese überschaubare Gruppe von Siedlungen mit vor 1150 ausgeprägtem städtischen Charakter der Begriff ›Mutterstädte‹ eingebürgert.

Innerhalb dieser Gruppe verlief die Entwicklung nicht gleichförmig: Die Städte im ehemals römisch beherrschten Gebiet mit der größten Siedlungskontinuität erstarkten nicht nur als erstes wieder, in ihnen wuchs die Bevölkerung auch am stärksten. Besonders die Städte am Rhein profitierten seit der Jahrtausendwende vom Aufschwung. Worms und Speyer fielen zwar später etwas zurück, besaßen aber in der frühen Zeit enorme Bedeutung. Das ganze Mittelalter hindurch Orte ersten Ranges waren die Erzbischofssitze Trier, Mainz und Köln. Herausragende Zentren bildeten ferner Verdun, Lüttich, Metz, Würzburg und Regensburg.

Die Bedeutung der Befestigungen

Gegen die Feuerkraft moderner Angriffswaffen gibt es heute kaum Möglichkeiten der Verteidigung. Über weite Phasen des Mittelalters lagen dagegen die Chancen für Verteidiger, sich im Kriegsfall hinter einem soliden Mauerring sicher fühlen zu können, recht gut (*Quelle* 2). Eine bewehrte Stadt war nur unter großen Verlusten einzunehmen. Die gemeinsame Bezeichnung *burc* für Burgen wie für die ältesten Städte (Frei-›burg‹, Würz-›burg‹) zeigt, dass die Zeitgenossen Siedlungen, die mit Befestigungswerken versehen waren, zunächst kaum von reinen Verteidigungsbauten unterschieden.

Wehrhaftigkeit stärkte das Selbstbewusstsein und das Gemeinschaftsgefühl der Bewohner einer Siedlung. Schon früh konnte damit eine Mauer auch als Symbol für die Sonderstellung einer Siedlung dienen: So zeigt das früheste erhaltene Stadtsiegel Westfalens aus Soest, dessen Verwendung in den 1160er Jahren verbürgt ist, den heiligen Petrus inmitten eines turmbewehrten Befestigungswerks. Das älteste Siegel der Stadt Trier, in die erste Hälfte desselben Jahrhunderts zu datieren, lässt eine hohe Mauer eine Gruppe von Menschen umfassen, aus denen der legendäre Gründungsbischof Eucharius sowie abermals der heilige Petrus herausragen. Über allem schwebt der segnende Christus, der den beiden Heiligen gerade den Schlüssel als Zeichen der Macht übergibt. Die Heiligen repräsentieren in diesen Darstellungen jeweils den Stadtherrn bzw. die Stadtherrschaft, die Mauern aber verweisen auf den städtischen Charakter des Ortes.

Umfassende archäologische Grabungsbefunde fehlen vielerorts noch, und vielfach schweigen die schriftlichen Quellen. Dennoch lässt sich die Entwicklung der Siedlungsbefestigungen insgesamt nachvollziehen: Bruderkriege innerhalb des Frankenreichs, Wikingerraubzüge und Einfälle der Ungarn und Sarazenen zwangen im 9. und 10. Jahrhundert immer mehr Menschen dazu, sich zu verschanzen. Bischofskirchen wurden nun ebenso umwehrt wie Klöster, Fürstensitze oder Königspfalzen. Wo nicht auf die steinernen Reste römischer Bollwerke zurückgegriffen werden konnte wie in Köln, Straßburg, Regensburg oder Wien, bestanden frühe Wälle meist aus Holz und Erde. Sie ließen sich nur bis zu einer bescheidenen Höhe errichten, waren entsprechend oft zu leicht zu überwinden und zudem feuergefährdet.

An einigen Orten begann man noch vor der Jahrtausendwende solidere Mauern zu bauen. In Köln oder Mainz wurden sogleich die gerade entstandenen Kaufleuteansiedlungen in die Gesamtbefestigung einbezogen, sodass hier erstmals seit der Antike neues Gelände umwehrt wurde. Ähnlich ging man im 11. Jahrhundert in Würzburg, Lüttich und einigen flandrischen Städten vor. Die Bischöfe der 200 Jahre zuvor gegründeten sächsischen Bistümer ließen in den Jahrzehnten um 1000 dagegen nur ihre Domburgen nochmals stark bewehren, während die Kaufmannsansiedlungen einstweilen nicht oder weniger gut umwallt wurden. Es dauerte nochmals knapp 150 bis 200 Jahre, bis Mauern in Mitteleuropa fast überall das gesamte Siedlungsgebiet der Zentralorte und zum Teil sogar nicht aufgesiedelte Areale umfassten.

Die Errichtung und der Bestand einer Mauer brachten Änderungen für die Einwohner einer Stadt mit sich. In einigen Fällen wurde zwar die ländliche Bevölkerung des Umlands zum Bau und Unterhalt der Mauern herangezogen, häufiger indes betrauten Könige, Fürsten oder Bischöfe die (entstehenden)

Stadtgemeinden mit dieser Aufgabe. Der Bau einer Wehranlage war neben dem Kirchenbau vielfach das gewaltigste Infrastrukturprojekt einer Siedlung (*Quelle 4*). Da er mit erheblichen Aufwendungen verbunden war, wurden deren Bewohner manchmal für die Bauzeit von anderen Abgaben und Aufgaben befreit. Zugleich waren Errichtung und Instandhaltung ein gemeinschaftliches Werk, das alle auf eine gemeinsame Aufgabe verpflichtete und das damit ein Zusammengehörigkeitsgefühl beförderte.

Nur gemeinschaftlich konnte die Verteidigungsfähigkeit aufrechterhalten werden. Dies verlangte Organisation, Disziplin und Übung, denn jeder Wehrbürger musste wissen, welche Position er auf der Mauer zu besetzen hatte und was er dort im Verteidigungsfall zu tun hatte. Konnte man dies bei Burgen einigen wenigen Spezialisten überlassen, die im Kriegshandwerk geschult waren, erforderte die Besetzung einer Stadtmauer eine so große Zahl waffenfähiger Menschen, dass es kaum praktikabel war, die Bewohner von dieser Aufgabe auszuschließen. Eine wehrhafte Stadt setzte Bürger unter Waffen voraus.

Unübersehbar trennte die Mauer einen städtischen von einem ländlichen Raum. Nördlich der Alpen markierte sie nun in zunehmendem Maße die Grenze eines Gebiets mit eigenen Bestimmungen. Zwar blieben die Verbindungen zwischen Stadt und Land vielfältig (die Kirchspiele [= Gemeindebezirke] städtischer Pfarrkirchen erstreckten sich z. B. oft auf Gebiete mit ländlicher Bevölkerung vor den Mauern), doch langfristig bildete sich eine eigene städtische Rechtssphäre aus. Die Mauer machte diese rechtliche Abschließung nach außen sichtbar, nach innen strebten die Bewohner fortan danach, einheitliche Regeln für alle durchzusetzen.

Das Phänomen städtischer Gemeindebildung

Konnten die Befestigungen zu einer Stärkung des Gemeinschaftsgefühls – und dies sogar gegen den Willen des Stadtherrn – beitragen, ist dies doch nur ein Aspekt einer allgemeinen Entwicklung, welche die Siedlungen allmählich zum besonderen sozialen Gebilde der mittelalterlichen Stadt werden ließ. Bereits seit der Jahrtausendwende sind Formen des Zusammenlebens zu greifen, bei denen Stadtbewohner in großer Zahl gemeinschaftlich auftraten, für die Gemeinschaft als ganze Ansprüche stellten und sich per Eid ihrer wechselseitigen Unterstützung versicherten. Sei es in Deutschland oder in Spanien, in Frankreich oder in Italien: Die Erfolgsgeschichte der mittelalterlichen Stadt ist von Beginn an nicht nur eine des Wachstums von Bevölkerung und Wirtschaftskraft, sondern vor allem eine der Loslösung einer Gemeinschaft von herrschaftlichen Ansprüchen.

So faszinierend der Vorgang ist, so schwierig ist seine Erforschung und so kontrovers sind deren Ergebnisse. Was brachte Gemeinschaften dazu, sich eigene Regeln geben und eigene Führungsgruppen bestimmen zu wollen? Was bewog sie, Elemente der Gleichheit in einer Umgebung auszuformen, die sonst von Ungleichheit geprägt war? Liegen hier Frühformen einer demokratischen Gesellschaftsordnung vor? Endgültige Antworten sind angesichts der schlechten Nachrichtenlage kaum möglich.

Festzuhalten ist, dass die Menschen in den noch wenigen Städten Europas in Ansätzen bereits im 10. Jahrhundert und verstärkt dann ab dem 11. Jahrhundert einen ausgeprägten Gemeinschaftssinn offenbarten. Wo sich dieses Zusammengehen zu dauerhaften Strukturen verdichtete und sich Selbstverwaltungsgremien ausbildeten, spricht man von der Bildung einer ›Kommune‹. Welche Bewohner genau in diese gemeinschaftsbildenden Gruppen eingebunden waren und welche nicht, unterschied sich von werdender Stadt zu werdender Stadt, von Region zu Region und unterlag vielfach einem Wandel. Die Begriffe für die Menschen, welche die städtische Gemeinschaft bildeten, formten sich erst allmählich und in Anlehnung an andere Wortfelder: So greift das lateinische *civis* auf das Wort zurück, mit dem die Römer der Antike die Zugehörigkeit zu ihrem stark verrechtlichten und komplex verwalteten Staat anzeigten; das lateinisch-germanische Mischwort *burgenses* (›Bürger‹ im Wortsinne) leitet sich von *burc* ab und betont damit den Befestigungscharakter des Ortes.

Frühformen städtischer Gemeindebildung in Norditalien

Unverzichtbar ist der Blick auf Ober- und Mittelitalien, wo viele Siedlungen in der Tradition früherer Römerstädte standen. Wie anderswo waren viele Bischöfe hier in eine Führungsrolle gerückt. Im 10. und frühen 11. Jahrhundert begannen die Bewohner einiger Städte der Poebene nun als Gruppe eine eigenständige, starke Stellung zu beanspruchen. Erste Erfolge stellten sich ein: 996 nahm Kaiser Otto III. alle freien Bürger Cremonas, ob reich oder arm, unter seinen Schutz und gewährte ihnen ausgiebige Nutzungsrechte der natürlichen Ressourcen (Gewässer, Wiesen, Wälder) sowie das Recht, die eigenen kommunalen Angelegenheiten unbehelligt von weltlichen oder geistlichen Herrschaftsträgern zu regeln – also vor allem unabhängig von ihrem Bischof.

Der ›Investiturstreit‹, der jahrzehntelang und europaweit tobende Kampf zwischen geistlichen und weltlichen Kräften um die Vormacht, beförderte solche Freiheitsbestrebungen. Aufzeigen lässt sich dies am bevölkerungsreichen Mailand, wo der Investiturstreit mit dem Konflikt um die Besetzung des Erzbistums 1074 in seine heiße Phase eintrat. Wie im nahen Cremona hatten sich dort bereits in den letzten Jahrzehnten des 10. Jahrhunderts Stadtbürger gegen die Erzbischöfe gestellt, die nur allzu oft ihr Amt missbrauchten, um sich zu bereichern und Familieninteressen durchzusetzen. Früh sind Auseinandersetzungen zwischen einer nichtadligen Bürgerschaft und einem in enger Verbindung mit dem Erzbischof stehenden Stadtadel verbürgt. Dieser Adel zerfiel selbst in eine höhere (*capitanei*) und eine niedere (*valvavassores*) Gruppe. Trotz aller Konflikte begannen diese Gruppen im Zuge des Investiturstreits gemeinsam als Sachwalter der Gesamtstadt aufzutreten. Es trat eine handelnde Bürgerschaft in Erscheinung, die sich versammelte, Eide leistete, selbst gesetzte Beschlüsse befolgte und gemeinschaftlich Ansprüche erhob. Strömte das ›Volk‹ in krisenhaften Situationen zusammen, beanspruchte es eine Entscheidungsgewalt.

In Quellen des 11. Jahrhunderts sind in Mailand erstmals nichtadlige Gruppen in politischer Verantwortung zu greifen. Noch ohne feste Ämter traten die *negotiatores* oder ›Kaufleute‹ auf – mitgemeint waren wohl auch Verwaltungsspezialisten (Notare und Richter) sowie vermögende Handwerker. Diese Neuerung war ein Vorbote des Kommenden: In den Jahrzehnten um 1100 lassen sich in Nord- und Mittelitalien erstmals feste städtische Gremien nachweisen, welche die Interessen der Stadtbürgerschaften vertraten. Am Ausgang des 11. Jahrhunderts werden zunächst in Pisa und Lucca sowie kurz danach auch in Mailand, Genua, Cremona und zahlreichen anderen Städten *consules*, ›Räte‹, erwähnt. Ist bei den wenigen Belegen des 11. Jahrhunderts zumeist noch unklar, welche Verantwortlichkeit sich hinter den Nennungen verbirgt, sind ab dem 12. Jahrhundert feste Zuständigkeiten zu greifen. Die Gremien verstanden sich nun als dauerhafte Vertretung der Gesamtkommune.

Die Entwicklung in Nordfrankreich

Neben Italien waren der Norden Frankreichs und Flandern Vorreiter der kommunalen Bewegung in Europa. Hier lagen Zentren der Textilproduktion, hier liefen die europäischen Handelswege zusammen, hier wurden Waren aus England, dem Norden des Kontinents und dem Mittelmeerraum umgeschlagen. Besonders Nordfrankreich verdient Beachtung: Einzelne Meldungen bezeugen dort ein gemeinsames Vorgehen von Städtern und ein Streben nach größerer Selbstbestimmung seit dem 10. Jahrhundert. Die Bistumschronik von Cambrai erwähnt z. B., wie Bürger der Stadt einmal versuchten, mehr Autonomie zu erlangen, als sich der verhasste Bischof Berengar (wohl im Jahr 958) gerade außerhalb aufhielt: »Währenddessen fassten die Bürger einen einstimmigen Beschluss und verschworen sich einhellig; sie verbanden sich also in einer solchen Weise untereinander, dass sie dem Bischof, wenn er heimkehren würde, den Einzug in die Stadt verweigern und ihn damit aussperren wollten«. Dem Bericht zufolge gaben die Bürger aber ihre Rebellion auf, als der Bischof mit militärischer Unterstützung zurückkehrte.

1077, auf dem Höhepunkt des Investiturstreits, griffen die Bürger von Cambrai auf ähnliche Mittel zurück, als der frisch gewählte Bischof Gerhard außerhalb der Stadt weilte. Dieselbe Chronik schreibt: »Sie verbanden sich untereinander durch einen Eid, demzufolge alle Cambraier ihm den Einzug verwehren wollten, wenn er nicht die beschlossene Schwureinigung (*coniuratio*) anerkennen würde«. Zum Schein ging der Bischof nach den Worten des Chronisten zunächst auf die Bedingungen ein, am Ende wurde die Stadt aber geplündert und die Schwurvereinigung aufgelöst.

Besser noch bekannt als die Ereignisse in Cambrai ist das Geschehen in Laon 1115. Der Lebensbericht des Guibert von Nogent bietet eine ungewöhnlich detailreiche, wenn auch kritisch-spöttische Sicht auf die dortigen Vorgänge: In Abwesenheit des Bischofs hätten sich die Bürger von bestechlichen geistlichen Amtsträgern die Bildung einer Kommune ausbedungen. Nach seiner Rückkehr habe der Bischof der Übereinkunft zugestimmt, nicht ohne ebenfalls das Geld der Bürger anzunehmen. Wenig später sei er eidbrüchig geworden und habe alle Zugeständnisse widerrufen, um zugleich noch höhere Tribute einzufordern. Mit grausamer Genauigkeit schildert Guibert, wie sich die Bevölkerung hierauf erhob und der Bischof im Zuge des Aufstandes brutal ermordet wurde. Und während der Chronist das Vorgehen der geistlichen Würdenträger tadelt, kritisiert er ebenso scharf die handelnde Bürgergemeinschaft: »Bei einer Kommune – dieser neuen und äußerst üblen Bezeichnung – handelt es sich darum, dass die Kopfzinspflichtigen alles, was sie für gewöhnlich aufgrund ihrer Knechtschaft ihren Herren schulden, einmal im Jahr entrichten und auch die Bußen zahlen, die ihnen bei Gesetzesbrüchen auferlegt werden, sonst aber von jedweden weiteren Abgaben befreit sind, die man Knechten abzuverlangen pflegt.« Zuallererst ging es den unfreien Bürgern von Laon um eine dauerhafte Erweiterung ihres persönlichen Handlungsspielraums. Ziel war keine abstrakte absolute Freiheit, sondern der Schutz der eigenen Person wie der Gemeinde vor einem willkürlichen Zugriff der Herren und der Wunsch nach einer Verringerung der Abgabenlast. Dass dies ein erreichbares Ziel war und einvernehmlich geschehen konnte, zeigt das Beispiel von Huy, dessen Bürger 1066 vom Lütticher Bischof eine Reihe von Vergünstigungen erhielten, darunter die Einschränkung der Wehrpflicht sowie die Möglichkeit, Dienste gegen eine Geldzahlung abzulösen.

Frühformen städtischer Gemeindebildung am Rhein

Zu Beginn des 11. Jahrhunderts befanden sich die Bewohner der alten Bischofsstädte am Rhein überwiegend in unterschiedlichen Graden von Unfreiheit und in Abhängigkeit verschiedener Herren. Das Wormser Hofrecht von 1024 dokumentiert, wie vielfältig diese Formen der Abhängigkeit selbst innerhalb der bischöflichen *familia*, also des Hofrechtsverbands, den alle vom Bischof Abhängigen bildeten, ausgeprägt waren. Regelungen für die Ministerialen, den ursprünglich unfreien, mit militärischen oder administrativen Führungsaufgaben betrauten Dienstleuten, stehen dort neben Bestimmungen für niedere Zins- bzw. Dienstleistungspflichtige; gänzlich unfreie Knechte und Mägde erscheinen wie eine Verfügungsmasse. Von persönlich freien Bürgern und einer Stadtbürgerschaft einheitlichen Rechts, die dem Bischof als Gesamtheit entgegentreten könnte, findet sich noch keine Spur.

Eine erste Zwischenstation auf dem Weg zu größerer individueller Freiheit markierte im 11. Jahrhundert das Zensualenrecht. Der Zensuale musste einen jährlichen Zins zahlen, aber keine Frondienste leisten, also nicht nach festen Regeln für einen Herrn schwere Arbeit verrichten. Für gewöhnliche ›Hörige‹ bedeutete dies eine Verbesserung, die es ihnen ermöglichte, als Bewohner einer Stadt wirtschaftlich tätig zu werden. Zugleich war mit der Zensualität so viel Schutz verbunden, dass sogar ursprünglich Freie sich selbst in dieses Rechtsverhältnis begaben. Zwei entscheidende Nachteile blieben: Zum einen beanspruchten die Herren im Sterbefall einen Anteil am Erbe, zum anderen war die Wahl eines Ehepartners beschränkt, da die Zensualität für den Fall einer Heirat außerhalb des eigenen Hofrechtverbands eine nochmalige Verschlechterung der Erbbedingungen vorsah. Mit städtischen Lebensumständen war dies auf Dauer kaum zu vereinbaren.

Quellen der zweiten Jahrhunderthälfte berichten erstmals von Stadtbewohnern am Rhein, die als Gemeinschaft handeln. Ähnlich wie zur gleichen Zeit in Italien stellten die allgemeinen politischen Verhältnisse die Menschen vor schwere Entscheidungen. Sie standen vor dem Problem, entweder den von einem weit vernetzten Aufstand bedrängten Kaiser Heinrich IV. zu unterstützen oder ihren Ortsbischöfen gehorsam zu folgen, die Heinrichs Gegnern zugeneigt waren. Es zeigte sich, dass der Vorteil, den weltliche und geistliche Fürsten daraus hatten schlagen wollen, eine wehrhafte und solide ummauerte Stadt ihr Eigen zu nennen, sich ins Gegenteil verkehren konnte. Denn die bewaffneten Bewohner einer Stadt waren jetzt stark genug, sich gegen den Stadtherrn selbst zu stellen.

1073/74 musste Bischof Adalbert von Worms diese Veränderung der Machtlage am eigenen Leib erfahren. Als Heinrich IV. kaum noch Unterstützer fand, schlugen sich die Wormser auf seine Seite und jagten die Ritter des Bischofs aus der Stadt. Während dieser selbst die Flucht antrat, öffnete man dem geschundenen König die Tore und bot ihm Zuflucht. Heinrich bedankte sich, indem er eine Urkunde ausstellen ließ – die erste eines deutschen Königs zugunsten einer Bürgerschaft. Den Wormsern wurde darin Zollfreiheit in den königlichen Zollstätten Frankfurt, Boppard, Hammerstein, Dortmund, Goslar und Enger gewährt. Die Wormser ihrerseits blieben Heinrich treu und unterstützten ihn 1077 auf dem Höhepunkt des Investiturstreits.

Die Nachricht über die Wormser Ereignisse verdanken wir dem Bericht des Benediktiners Lampert von Hersfeld, der den Aufstieg der Städte missgünstig verfolgte (*Quelle 2*). Missbilligend schildert er, wie sich einige Zeit nach den Wormsern auch die Kölner gegen ihren Stadtherrn erhoben: Erzbischof Anno, so der Chronist, hatte seine Dienstleute beauftragt, für die Rückfahrt eines vornehmen Gastes, des Bischofs von Münster, ein geeignetes Schiff zu beschlagnahmen. Die Wahl fiel auf das Boot eines reichen Kaufmanns. Doch als die Amtsleute des Erzbischofs unangekündigt auf die kaufmännische Habe Zugriff nehmen wollten, stießen sie auf erbitterten Widerstand. Der erzbischöfliche Handstreich war der Tropfen, der das Fass zum Überlaufen brachte. Insbesondere der Sohn des Kaufmanns habe nun erfolgreich für einen allgemeinen Aufstand nach Wormser Vorbild geworben, wobei »Wein und Schmaus« ihre Rolle gespielt hätten. Am 23. April 1074 kam es abends zum Gewaltausbruch. Manch ein Parteigänger des Bischofs sei ermordet worden und dieser selbst erst in letzter Sekunde durch einen Durchschlupf in der Stadtmauer entkommen.

Der Aufstand brach nach wenigen Tagen in sich zusammen. Unterstützung hatte Erzbischof Anno vor allem vom Landvolk erhalten, was als Zeichen für einen sich allmählich ausformenden Stadt-Land-Gegensatz gewertet werden kann. Der Aufforderung, sich zu unterwerfen, leistete die Stadt Folge, allerdings floh eine große Gruppe vermögender Bürger zum König. Die übrigen mussten Bußzahlungen leisten und einen Treueid schwören, die Anführer erhielten schwere Körperstrafen. Anders als in Worms führten die Ereignisse kurzfristig nicht zur Stärkung einer organisierten Stadtgemeinde, sondern zu deren zeitweiligem Niedergang. Immerhin war Köln schon 1106 wieder so erstarkt, dass es gelang, Annos Nachfolger – nun erfolgreich – zu vertreiben und sich an die Seite Heinrichs IV. gegen dessen Sohn Heinrich V. zu stellen.

Die Wormser und Kölner Ereignisse von 1073/74 und ähnliche in Mainz (1077) und Trier (1085) zeigen, wie die Ausbildung autonomer Stadtgemeinden voranschritt. Im letzten Drittel des 11. Jahrhunderts meinten die Bewohner dieser Bischofsstädte ihren Stadtherren im Konfliktfall die Stirn bieten zu können. Als Wortführer eines erwachenden bürgerlichen Selbstbewusstseins erscheinen in den Quellen Kaufleute und manchmal auch Ministerialen. Noch war allerdings Voraussetzung, in der Gunst einer konkurrierenden höhergestellten Instanz wie dem König zu stehen.

Zu Beginn des 12. Jahrhunderts verbesserte sich die Stellung der Bewohner der rheinischen Bischofsstädte weiter. Mit der Ausweitung der persönlichen Freiheitsrechte der Bewohner ebneten sich die rechtlichen Unterschiede weiter ein. Mittelfristig bedeutete dies die Ausbildung einer Bürgerschaft einheitlichen Rechts. Dabei wurden die neuen Freiheiten nicht als naturrechtliches Grundrecht des Einzelnen verstanden, sondern als Bündel von Vorrechten, die der Einzelne aufgrund seiner Zugehörigkeit zur Gemeinschaft erwarb. Dies setzte die Bürger einer Stadt als Gruppe deutlich von der in stärkeren Formen der Abhängigkeit verbleibenden Landbevölkerung ab. Erst mit der Begründung einer solchen Sondergruppe lässt sich sinnvollerweise von Bürgern statt von einfachen Stadtbewohnern sprechen. Zugleich wurde die Stadt zur Körperschaft, die mit dem bischöflichen Stadtherrn oder dem König verhandelte und Privilegien empfing (*Quelle 20*).

Insoweit diese Vorrechte sogar Hinzuziehenden zugebilligt wurden, sollte ›Stadtluft‹ anders als ›Landluft‹ fürderhin tatsächlich ›frei‹ machen. Und dies galt selbst für Neubürger, die ursprünglich unfrei gewesen waren, wenn sie ihr Grundherr nicht innerhalb einer gewissen Frist (›Jahr und Tag‹) zurückforderte. Die Rückforderung wurde ihm allerdings zunehmend erschwert, indem ihm z. B. die Beweislast aufgebürdet wurde oder das städtische Gericht für zuständig erklärt wurde. Trotz gelegentlicher Zerwürfnisse kam diese Entwicklung vielen Grundherren nicht einmal ungelegen, vor allem wenn sie zugleich Stadtherren waren. Es konnte ertragreicher sein, dem individuellen Gewinnstreben Raum zu lassen, die Städte gewähren zu lassen und den zunehmenden Reichtum ihrer Bürger pauschal über eine Besteuerung abzuschöpfen, als dienstpflichtige Bauern auf dem Land für sich arbeiten zu lassen.

Das nächste Ziel der Bürger war, selbst schwache Knechtschaftsformen wie die Zensualität abzuschütteln und sich weitere Freiheiten zu sichern. In Speyer, dem damaligen Begräbnisort der deutschen Könige und Kaiser, gewährten König Heinrich V. und der Ortsbischof Bruno 1111 den Bürgern der Stadt im Austausch gegen ein ewiges jährliches Angedenken an den mittlerweile verstorbenen Heinrich IV. zahlreiche Vergünstigungen, darunter die Abschaffung der Sterbefallabgaben, die Zusicherung eines Gerichtsstands in der Stadt und eine stabile Währung. Die Regelungen waren so bedeutsam, dass der Wortlaut der Urkunden für jedermann lesbar in goldenen Lettern über dem Hauptportal des Domes angebracht wurde (*Quelle* 3). Ein ähnliches Privileg erteilte Heinrich V. 1114 den Wormser Bürgern. Hier standen ein verbessertes Erbrecht und damit verbundene Erleichterungen bei der Eheschließung im Mittelpunkt. Der Mainzer Erzbischof garantierte seinerseits 1135 seinen Bürgern ein städtisches Gericht und Schutz gegen die gewaltsame Eintreibung von Abgaben. Wie in Speyer sorgte man für eine dauerhafte Zurschaustellung – die Gravur in den Bronzetüren des Mainzer Marktportals lässt sich noch heute bestaunen.

Erste städtische Selbstverwaltungsgremien in Mitteleuropa

Die neue Stellung der Stadtbürgerschaft äußerte sich auch am Rhein in der Einrichtung städtischer Ämter. Bürger erlangten von den Stadtherren das Recht, Personen aus ihren eigenen Reihen für eine festgelegte Zeit mit der Regelung der eigenen Angelegenheiten zu betrauen. Doch selbst in den am weitesten fortgeschrittenen Bischofsstädten brauchte es mehrere Generationen, bis sich weitgehend eigenständige Führungsgremien ausgebildet hatten. Typisch war ein allmählicher Übergang: von der Ausführung von Verwaltungsfunktionen im Auftrag des Stadtherrn über eine Phase fester Beratungsgremien hin zu einer Besetzung von Ämtern auf der Grundlage einer Wahl durch die Bürgerschaft, für die noch die stadtherrliche Zustimmung notwendig sein mochte. Dementsprechend wurde zunächst pauschal von den ›Besseren‹ oder ›Vornehmeren‹ (*optimates, meliores*, in Lamperts Bericht über Köln *primores*) gesprochen, bevor im 12. Jahrhundert mit *jurati*, ›Geschworenen‹, oder *scabini*, ›Schöffen‹, erste Ämterbezeichnungen in den Quellen fassbar werden.

Schöffenkollegien wie jenes, das 1103 in Köln bezeugt ist, oder Fernkaufleutegilden boten Vorbilder, die zeigten, wie man sich organisieren konnte. Jene Wahlgremien jedoch, die am Ende des 12. und Beginn des 13. Jahrhunderts entstanden, brachten insofern etwas qualitativ Neues, als ihnen eine Vorstellung von Repräsentation einer Bürgerschaft zugrunde lag. Ein früher Beleg hierfür kommt aus Speyer, wo den Bürgern 1198 zugesichert wurde, »dass sie die Freiheit besitzen sollen, zwölf ihrer Bürger zu wählen, die per Eid darauf verpflichtet werden, sich so gut wie möglich um die Gemeinde (*universitas*) zu kümmern, und dass die Stadt nach ihrem Ratschlag (*eorum consilio*) regiert werden soll«. Auch anderswo wird von *consiliarii*, ›Beratenden‹, gesprochen, später dann treten die Gremienmitglieder als *consules* in den Quellen auf. Nach dem Einzug der Volkssprache in den Schriftgebrauch wird diese Konsulversammlung in den deutschen Dialekten in der Regel mit ›Rat‹ wiedergegeben.

Allgemeine Voraussetzungen der Gemeindebildung

Mehrere Faktoren trugen zum Erfolgszug autonomer und selbstbestimmter Bürgergemeinden bei. Die ökonomische Basis für deren Entstehung boten die Zunahme der Bevölkerung, der allgemeine wirtschaftliche Aufschwung und die Ausweitung der Handelsbeziehungen. Die Zahl der Menschen, die sich eines gewissen Wohlstands erfreuten, wuchs an manchen Orten so weit an, dass sie einen ihrer Wirtschaftskraft angemessenen politischen Einfluss einfordern konnten.

Ökonomisch hob ein Markt einen Ort besonders vom Umland ab, selbst wenn sich nicht alle Handelsplätze zu Städten fortentwickelten. Gewährte ein Marktort langfristigen Schutz, erhöhte dies die Chance, dass sich Fernkaufleute dauerhaft ansiedelten. Zudem stiftete ein gesondertes Marktrecht für die Dauer des Warentauschs Beziehungen zwischen Verkäufer und Käufer, die sich von den üblichen, durch die Ständegesellschaft gestifteten Beziehungen abhoben. Inwieweit sich davon sprechen lässt, dass das Marktgeschehen damit die unterschiedliche rechtliche Stellung der Menschen einander anglich, ist allerdings umstritten.

Die Ausbildung eines Gemeinschaftsgefühls auf engem Raum zusammenlebender Menschen ist eine Folge anderer hier genannter Faktoren, kann aber eigenes Gewicht beanspruchen. Immer stärker identifizierten sich die Bewohner mit der Gemeinschaft, und sie begannen auf die Stadt und ihre Bürgerschaft bezogene Ehrvorstellungen zu entwickeln.

Kann man als Ursache der Entwicklung ein allgemein menschliches Streben nach Freiheit annehmen? »Jeder hat das Recht auf die freie Entfaltung seiner Persönlichkeit«, heißt es zu Beginn des deutschen Grundgesetzes, doch so naturrechtlich dachte das Mittelalter zum Zeitpunkt der Ausbildung städtischer Freiheiten nicht. Dennoch wird deutlich, dass die

Stadtbewohner jede Gelegenheit nutzten, ihnen auferlegte Belastungen und Bürden abzuwerfen, und sei es in kleinsten Schritten. ›Freiheit‹ verstand man meist nicht allgemein-abstrakt, vielmehr ging es darum, sich einzelner Beschränkungen zu entledigen, welche die Entfaltung des Einzelnen behinderten. Es galt, sich von Frondiensten und Abgaben zu befreien, Sterbefallabgaben zu beseitigen, die Übertragung von Eigentum an die Nachkommen zu sichern. Nicht mehr der Einzelne sollte abgabepflichtig sein, sondern die Bürgerschaft als ganze Steuern entrichten – was wiederum die Gemeindebildung beförderte.

Bereits angedeutet wurde der auffällige Zusammenhang von Gemeindebildung und religiösen Entwicklungen. Im 11. Jahrhundert kämpften Kirchenreformer entschieden für eine Unabhängigkeit kirchlicher Einrichtungen von weltlichen Einflüssen. Von hier war der Weg nicht weit zu einer Gesinnung, welche auch an anderer Stelle die Berechtigung von Herrschaftsansprüchen anzweifelte. Wenn sogar Papst und Kaiser sich gegenseitig abzusetzen versuchten, war es nicht mehr undenkbar, sich seines eigenen Herrn zu entledigen bzw. sich bei zwei Konkurrenten im Streit um die Herrschaft demjenigen zuzuwenden, der die größeren Zugeständnisse machte. Wenn Bann und Kirchenausschluss zum Werkzeug der Politik wurden, die Kirche Dienstpflichtige aufforderte, ihren Herren nicht mehr Folge zu leisten, und jeder Gläubige angesichts politischer Ränkespiele um sein Schicksal im Jenseits fürchten musste, dann nahm die Glaubwürdigkeit von Autoritäten allgemeinen Schaden. Vieles wurde in dieser Zeit infrage gestellt. Wanderprediger und Reformer fanden viel Gehör, manche im Zuge der Auseinandersetzungen aber auch den Tod. In Cambrai z. B. wirkte während des Investiturstreits ein gewisser Ramhird, der jede Form von Ämterkauf scharf zurückwies und anscheinend vor allem deshalb 1077 als Ketzer verbrannt wurde. Gerade die Städte boten solchen Reformideen einen idealen Nährboden.

Die zunehmende Infragestellung von Herrschaft zog weitere Konsequenzen nach sich. Nun, da es eine stattliche Einwohnerschaft gab, die als ›Volk‹ auftreten konnte, erinnerte man sich der alten Regel, nach der Geistlichkeit *und* Volk der Wahl eines Bischofs zustimmen mussten. Selbst der schon zitierte bürgerfeindliche Chronist der Ereignisse in Cambrai versäumte es nicht, auf die zustimmende Beteiligung des ›Volkes‹ bei der Wahl des umstrittenen Bischof Gerhards (s. o. S. 31) hinzuweisen. Nach Gerhards Tod 1092 kam es zu einer Wahl, in der die Bürgergemeinde schließlich einen eigenen Kandidaten vorschlug und diesen gegen den Vorschlag der Mehrheit der Geistlichkeit durchzusetzen vermochte. Am Ende gelang es der Bürgerschaft, sich vom Bischof ihrer Wahl die Rechte der Kommune bestätigen zu lassen. Ähnliche Vorgänge sind mehrfach belegt, so z. B. in Trier 1066.

Mitzudenken sind allgemeine Wirkfaktoren wie die generelle Tendenz zur Verrechtlichung, die Hoch- und Spätmittelalter prägte. Gerne griffen die Städte auf Begrifflichkeiten und gelehrtes Personal zurück, welche die erstarkende Rechtswissenschaft zur Verfügung stellte. Nützlich war beispielsweise das Konzept des Verbands der Bürger als Körperschaft – die ›Stadt‹ als Gesamtheit konnte so durch ihre Amtsträger handeln. Diese beriefen sich immer weniger auf die Amtsverleihung durch einen Stadtherrn und zogen stattdessen ihre Legitimation aus der Wahl durch die Bürgerschaft, war sie im Einzelfall noch so symbolisch.

Die Anpassung vorhandener Handlungsmuster an die neuen Verhältnisse unterstützte dabei die Entwicklung hin zu einer eigenständigen Gemeinde. Bedeutend sind die Eide, durch die in den Städten Schwureinungen bzw. Eidgenossenschaften begründet wurden. War der Einzelne schwach und schien ein

Zusammengehen mit anderen sinnvoll, schwor man sich gegenseitige Treue. Ein solcher Eid bedeutete nichts anderes, als dass der Schwörende zur Bekräftigung seines Versprechens sein Seelenheil in die Waagschale warf. Als sich in den Städten Gemeinden bildeten, war dies ein bewährtes Instrument: Fernkaufleute hatten sich auf diese Weise zu Fahrgenossenschaften zusammengeschlossen und sich so Beistand in der Fremde gelobt. Seit dem 10. Jahrhundert hatte sich die Gottesfriedensbewegung bemüht, in unruhigen Zeiten zumindest für einige Personengruppen zu bestimmten Zeiten und an bestimmten Orten einen Schutz vor Gewalt zu organisieren – auch in ihrem Zuge war es vielfach zur gegenseitigen Leistung von Friedenseiden gekommen, in denen man schwor, die Gewalt einzudämmen.

Ein verstärkter Rückgriff auf Schrift und Schriftlichkeit unterstützte die Fähigkeit der Städte und ihrer Bürger, Ansprüche zu formulieren und dauerhaft zu fixieren. In Norditalien ist dies seit dem 11. Jahrhundert deutlich zu greifen, während sich die Bürger in Mitteleuropa erst mit zeitlicher Verzögerung der Schrift bemächtigten. Zwar garantierte ein Schriftstück nicht, dass sich ein Rechtsanspruch würde durchsetzen lassen. Doch der Verweis auf das Beurkundete und die Entwicklung typischer städtischer Aufschreibeformate boten den Bürgern in einer Auseinandersetzung Vorteile.

Nicht zu unterschätzen ist schließlich die zunehmende Bedeutung der Mobilität und die mit ihr verbundene Wirkung von Vorbildern anderer Regionen, in denen Stadtbürgerschaften bereits weitergehende Freiheiten hatten durchsetzen können. Wer mobil ist und unterschiedliche Herrschaftsräume bereisen kann, ist schwerer in eine Abhängigkeit zu zwängen als dauerhaft Sesshafte. Im Zuge von Pilgerreisen oder Kriegszügen, bei kirchlichen oder diplomatischen Missionen und nicht zuletzt auf Handelsfahrten kamen die Menschen mit neuen Ideen in Kontakt, und sei es durch die Vermittlung von Gegnern der Neuerungen, welche diese kategorisch ablehnten. Insbesondere die Verhältnisse in den selbstbewussten Städten Italiens, das ebenso wie die ›deutschen Lande‹ Teil des Reichs war, konnten hier als Muster dienen.

3 Neuanlage und planmäßiger Ausbau von Städten

Die Phase der ›Gründungsstädte‹

Im Jahrhundert zwischen 1150 und 1250 vervielfachte sich die Zahl der Städte in Mitteleuropa. In Absetzungen von den älteren, langsamer gewachsenen ›Mutterstädten‹ nennt man die neu hinzukommenden ›Gründungsstädte‹. Der seit langem eingeführte Begriff betont ein einmaliges, in einer Urkunde festgehaltenes Geschehen und lässt an ein zielstrebiges Vorgehen eines Stadtherrn denken. Die zentrale Rolle einer solchen Beurkundung wird in der Forschung jedoch zunehmend infrage gestellt, weil ihr in vielen Fällen eine schrittweise Entwicklung voranging, an deren Ende erst der erreichte Status in einem Dokument festgehalten wurde. Dennoch lässt sich insofern weiter von ›Gründungs‹-Städten sprechen, als seit dem 12. Jahrhundert geistliche wie weltliche Fürsten ihre Herrschaft ausweiteten, dabei die Vorteile der Existenz städtischer Siedlungen in ihrem Machtbereich erkannten und deren Neubildung konsequent vorantrieben.

Altehrwürdige Städte wie Köln dienten als wirtschaftliches Erfolgsmodell, selbst wenn die latente Gefahr, die von einer unbotmäßigen Stadtbürgerschaft ausging, für alle sichtbar war. Davon unbeeindruckt zeigten sich einige bedeutende Fürstenfamilien in ihrem Herrschaftsgebiet als frühe und besonders aktive Städteförderer: Bereits im 12. Jahrhundert traten im Südwesten des deutschen Sprachraums die Herzöge von Zähringen als Stadtgründer hervor. Freiburg im Breisgau ist das erste Beispiel ihrer Anstrengungen, ihr Herrschaftsgebiet mit Städten zu durchsetzen. Weitgehend gesichert ist, dass Konrad von Zähringen im Jahr 1120 die Initiative ergriff, einen Markt einrichtete und Kaufleute ermutigte, sich unterhalb der existierenden Burg anzusiedeln und Handel zu treiben. Um das Angebot attraktiv zu machen, garantierte er den zuziehenden Kaufleuten auf einen Schlag alle jene persönlichen Freiheiten, die die Bürger der älteren Städte erst nach und nach hatten erringen können. Hierzu zählten der Schutz und die abgabenfreie Vererbbarkeit des Eigentums, die Möglichkeit des bis auf einen Anerkennungszins verpflichtungsfreien Grundstückserwerbs und das Recht auf einen eigenen Gerichtsstand. Hinzu kamen Selbstverwaltungsrechte: Der Vogt und der Pfarrer sollten von den *burgenses* gewählt und vom Herzog lediglich bestätigt werden. Ausdrücklich forderte dieser die Kaufleute auf, eine *coniuratio* zu begründen – also ebenjene Schwureinung, die die Herren anderswo mit Gewalt zu unterdrücken versucht hatten (*Quelle* 4)! In Freiburg setzte dieser planmäßige Gründungsvorgang ein, noch bevor in den Mutterstädten am Rhein der Prozess der Gemeindebildung und der Entwicklung von Selbstverwaltungsorganen abgeschlossen war. Dementsprechend stehen die Regelungen für eine Phase des Übergangs. Zunächst wurden nur freie Kaufleute privilegiert, während hinzukommende Hörige im Zustand der Abhängigkeit verweilen sollten. Ebendies änderte sich in späteren Überarbeitungen des Rechtstexts; die Möglichkeit eines Grundherrn, einen einmal in der Stadt sesshaft gewordenen Neubürger zurückzufordern, wurde zunehmend eingeschränkt. Selbst wenn das Ideal einer Stadtbürgerschaft einheitlichen Rechts nicht erreicht wurde, näherten sich die Bestimmungen ihm allmählich an.

In den folgenden Jahrzehnten gründeten die Zähringer weitere Städte nach ähnlichem Muster. Andere Geschlechter wie die mächtigen Welfen folgten ihrem Beispiel. Sie alle trieben nicht nur die gezielte Privilegierung möglicher Neubürger, sondern auch die planmäßige Anlage städtischer Siedlungen in Regionen voran, die diese Siedlungsform bis dahin kaum oder gar nicht kannten.

Ein weiteres Musterbeispiel für die Gründung einer Stadt – und für die Konflikte, die sie auslösen konnte – bietet Lübeck, das Haithabu als Drehscheibe des Handels zwischen Ost und West ablöste. Haithabus Hafen war am Ausgang des 11. Jahrhunderts versandet, der Ort selbst mehrfach zerstört worden und die Nachfolgesiedlung Schleswig unfähig, an den Erfolg des alten Handelsortes anzuschließen. Stattdessen rückte ein anderer Platz ins Blickfeld: ein Hafen am Unterlauf der Trave, über den die Ostsee erschlossen werden konnte und der zugleich den Anschluss an die Elbe und damit zum Nordseehandel herstellte. Hier lag die kurz zuvor zerstörte slawische Fürstensiedlung Liubice (Alt-Lübeck), in deren Nähe Graf Adolf II. von Schauenburg und Holstein 1143 auf einer Halbinsel einen Neuansatz wagte: Eine verfallene slawische Wallanlage wurde zur Burg ausgebaut, ein Markt gegründet. Die neue Siedlung zog rasch Fernkaufleute an und überstand eine frühe Zerstörung. Bald weckte der florierende Handelsort das Interesse des Welfen Heinrich des Löwen, Adolfs Lehnsherren. Nach Aussage des zeitgenössischen Chronisten Helmold von Bosau sah Heinrich seine eigenen Wirtschaftsinteressen gefährdet. Als er von Adolf die Hälfte des jungen Lübeck verlangt habe, sei es zum Streit gekommen. Heinrich habe den Markt verbieten und die Waren zwangsweise abtransportieren lassen. Eine zwischenzeitlich als Alternative gegründete Stadt ›Löwenburg‹ habe sich aber als so ungeeignet erwiesen, dass die Kaufleute Heinrich gedrängt hätten, wieder den Lübecker Hafen nutzen zu dürfen. 1158/59 schließlich erreichte Heinrich, dass Adolf auf seine Ansprüche verzichtete und ihm Lübeck überließ (*Quelle* 5).

Die Kaufleute treten in Helmolds Bericht als Interessengruppe auf, die geschlossen handelt und sich dort zur Niederlassung bereitfindet, wo ein Landesherr die günstigsten Bedingungen schafft. Der Siedlungsplatz zwischen Trave und Wakenitz taugte mehr als jeder andere und lohnte die Investitionen. Zügig und planmäßig wurde er besiedelt und bebaut. Heinrich verbriefte der Kaufleutegemeinde Münze, Zoll sowie weitere Freiheitsrechte und sorgte zudem dafür, dass 1160 der Sitz des Missionsbistums vom holsteinischen Oldenburg hierher verlegt und ein Domkapitel eingerichtet wurde – heute würde man von Infrastrukturmaßnahmen sprechen. Gleichzeitig gelang es Heinrich, den Lübecker Kaufleuten die gleichen Rechte im Ostseeraum zu sichern wie den gotländischen, die bis dahin den ertragreichen Skandinavien- und Nordrusslandhandel dominiert hatten. Indessen konnten sich die Welfen nur wenige Jahrzehnte ihres Gründungswerks erfreuen. Nach dem Sturz des Herzogs 1180 wurde Lübeck zunächst von den Staufern gefördert (Privilegierung durch Kaiser Friedrich Barbarossa 1188) und erlebte weitere Herrschaftswechsel, bevor die Stadt 1226 schließlich reichsfrei wurde und damit fortan direkt dem Königtum unterstellt war.

Die Staufer selbst traten ebenfalls als Städtegründer und -förderer auf. Wie bei den Zähringern lag der Schwerpunkt ihrer Aktivitäten im deutschen Südwesten, zudem hatten sie Interessen in der Mitte des Reichs. Erhalten ist z. B. eine berühmte Urkunde aus dem Jahr 1164, mit der Friedrich Barbarossa den Bürgern Hagenaus im Elsass zahlreiche Rechte bestätigte. Hagenau gehörte zu den bevorzugten Pfalzen des Stauferkaisers, von denen er in der Folge noch weitere in ähnlicher Weise begünstigte. Die Staufer verliehen oder bestätigten Stadtgemeinden ihre Rechte oft in ihrer Eigenschaft als Könige und Kaiser.

Nach dem Ende der Stauferära in der Mitte des 13. Jahrhunderts leiteten viele dieser Städte daraus ein Recht auf Reichsfreiheit ab. Selbst kleinere Orte im Elsass, in Schwaben und in Franken wurden so zu Reichsstädten.

Ausbreitung nach Ostmittel- und Osteuropa

Die spätere Hansestadt Lübeck bietet nicht nur ein frühes Beispiel einer Plananlage, sie markiert darüber hinaus den Beginn der Ausbreitung der Siedlungsform Stadt über Ostmittel- und Osteuropa. Diese ist im Zusammenhang der Migration vor allem mitteleuropäischer Bevölkerungsgruppen in bis dahin vorwiegend slawisch besiedelten Regionen zu sehen. Diese sogenannte ›deutsche Ostsiedlung‹ diente im 19. und frühen 20. Jahrhundert vielfach als vereinfachendes Argument in nationalistischen Auseinandersetzungen. Heute sieht man die sich über Jahrhunderte hinziehende Wanderungsbewegung nicht mehr so einseitig: Zum einen war die Siedlungsbewegung nur insoweit ›deutsch‹, als die meisten Siedler aus den überbevölkerten Gebieten im Nordwesten des Reichs stammten, die Rechtsverleihungen deutschen Vorbildern folgten und sich deutsche Dialekte als Verkehrssprache durchsetzten. Tatsächlich jedoch kamen neben Westfalen und Friesen, Holländern und Flamen auch Schotten, Italiener, Schweden und Dänen. Zum anderen vollzog sich die West-Ost-Bewegung unter ganz unterschiedlichen Bedingungen: von der gewaltsamen Christianisierung unter dem Banner der Kreuzzüge über die friedliche Ansiedlung auf Einladung lokaler deutsch- und slawischstämmiger Herrscher bis hin zur Aufnahme jüdischer Glaubensflüchtlinge. Das Ergebnis war jene Vielfalt von Bevölkerungsgruppen, die bis zum Zweiten Weltkrieg Ostmitteleuropa nachhaltig prägte.

In den neu entstehenden Städten östlich von Saale und Elbe

waren Kaufleute und Handwerker als Spezialisten willkommen. Um sie zum Bleiben zu bewegen, musste man ihnen günstige Bedingungen bieten. Schnell erlangten die Neubürger eine Führungsrolle, zudem erhielten sie meist im Paket all die Freiheits- und Selbstbestimmungsrechte, welche die Städter in den Altsiedelgebieten inzwischen errungen hatten (*Quelle 6*). Parallel dazu vollzog sich eine ländliche Siedlungsbewegung, die mit der städtischen Gemeindebildung insofern vergleichbar ist, als den hinzukommenden Bauern ähnliche Freiheits-, Eigentums- und Gemeindebildungsrechte wie den Städtern gewährt wurde.

Am Südufer der Ostsee entstanden die Seehäfen Wismar, Rostock, Stralsund, Greifswald, Stettin, Danzig, Elbing, Königsberg und Riga wie Perlen an einer Kette. Im Binnenland, wo Magdeburg einst den östlichen Außenposten gebildet hatte, kamen Leipzig, Berlin/Cölln, Frankfurt an der Oder, Liegnitz, Breslau und viele weitere Städte hinzu. Im Bereich des seit der Jahrtausendwende christlich gewordenen Königreichs Polen gab es nun ebenso städtische Siedlungen nach deutschem Recht wie in Preußen und im Baltikum, wo der Deutsche Orden und der Schwertbrüderorden Fuß gefasst hatten.

Stadtplanung und Eigenheiten der Stadtanlage

Kaum je entstanden Gründungsstädte auf der grünen Wiese. Eher knüpften sie an bestehende Befestigungsanlagen oder Märkte an, die bereits an günstigen Standorten lagen. Natürliche Häfen boten sich ebenso an wie Furten oder Lagen zu Füßen einer schützenden Burg. Umstritten ist, wie viel planerischer Sachverstand in die Anlage mittelalterlicher Städte floss. Für viele ältere Städte ist es angesichts ihrer wechselhaften Entwicklungsgeschichte müßig, nachvollziehen zu wollen, inwieweit die Anlage schematisch einer Gesamtkonzeption oder

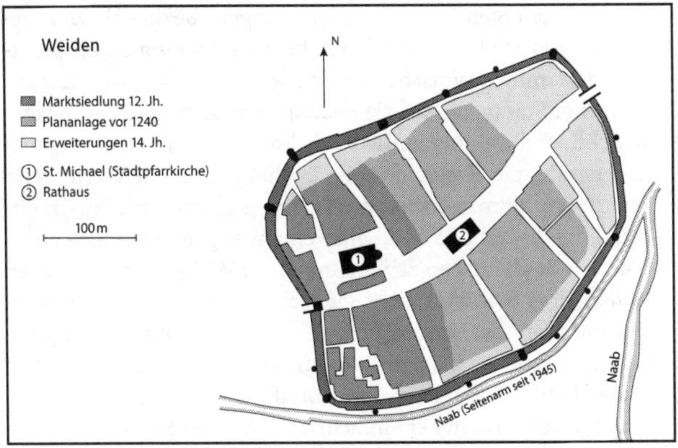

Plan der mittelalterlichen Stadtanlage von Weiden in der Oberpfalz

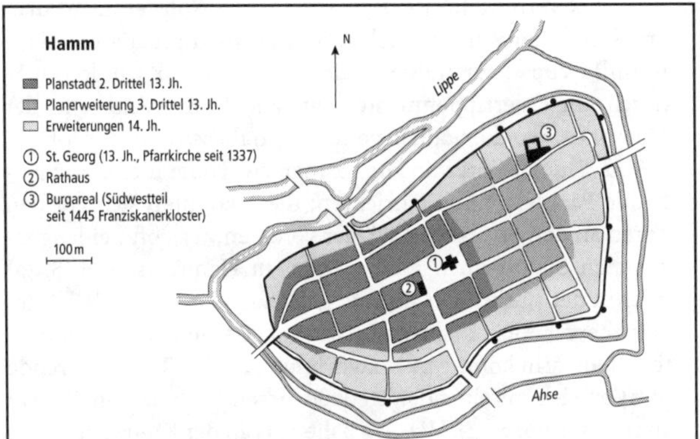

Plan der mittelalterlichen Stadtanlage von Hamm (Westfalen)

lediglich einigen groben Überlegungen bezüglich der gewünschten Stadtgestalt folgte. Ebenso schwierig ist es, Stadtgründerfamilien typische Stadtgrundrisse zuzuordnen. In einigen jener Städte, die auf die Herzöge von Zähringen zurückgehen, bildet die als Markt dienende breite Hauptstraße mit einer Querstraße ein Kreuz, das die Siedlungsfläche in Viertel teilt. Hierin wollte man früher ein ›Zähringerkreuz‹ erkennen, obwohl die Grundidee wohl eher einem allgemeinen Zug europäischer Stadtanlagen zu verdanken ist: Während sich Straßen in den alten Städten Asiens vielfach verästeln und in Sackgassen münden, herrscht in Europa das Durchgangsstraßenprinzip. Zweigt von einer größeren Straße eine kleinere ab, wird diese bis zur nächsten größeren Straße durchgezogen.

Folglich führte in der einfachsten Form der Stadtanlage eine einzelne Straße von Tor zu Tor. An einer breiteren Stelle diente sie als Markt, wovon Städtchen wie das fränkische Weismain oder das böhmische Taus (Domažlice) noch heute einen guten Eindruck vermitteln. Bei etwas größeren Anlagen legte man Straßensysteme an. Zunächst konnte die ummauerte Fläche mithilfe von Querstraßen weiter untergliedert werden, wodurch ein Querrippenmuster entstand (z. B. Weiden in der Oberpfalz, wo die Stadterweiterungen diesem Muster folgen; s. Abb. S. 49). Weiterhin konnte man zwei oder mehr durchgehende Parallelstraßen einrichten; diese konnten sich vor den Toren an den Stirnseiten wieder vereinen, was oft bei langgezogenen Stadtformen wie in Bern, in Hamm (s. Abb. S. 49) oder in der südlich der Pegnitz gelegenen Lorenzer Hälfte der Nürnberger Altstadt zu beobachten ist. Bei einer eher kompakten Stadtform konnte man zwei breite, zu den Toren führende Straßen sich miteinander kreuzen lassen (z. B. Isny im Allgäu ab 1171; s. Abb. S. 51). Was lag näher, als an der Kreuzung einen Platz für einen Markt auszusparen und hier die Kirche oder die wichtigsten weltlichen Bauten (Rathaus, Markthalle) zu er-

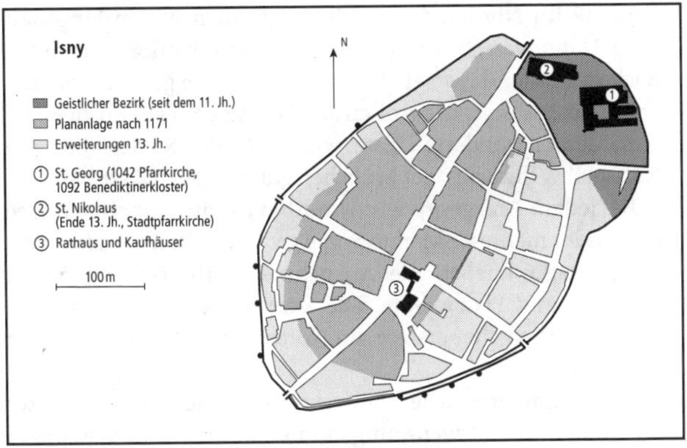

Plan der mittelalterlichen Stadtanlage von Isny im Allgäu

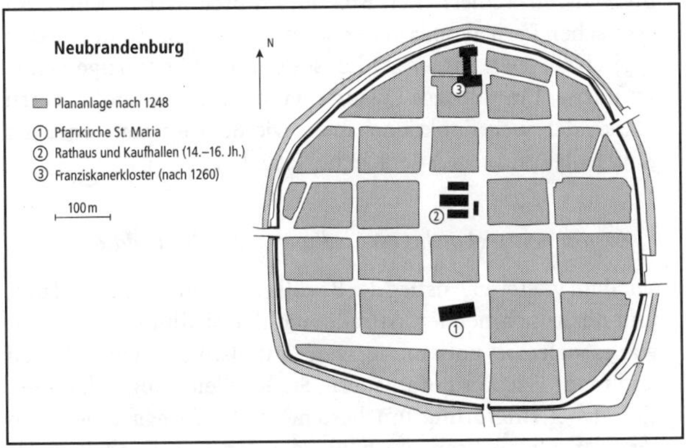

Plan der mittelalterlichen Stadtanlage Neubrandenburgs

richten? Im Norden des Reichs folgte man wie in Lippstadt oder Hannoversch Münden dieser Logik häufig. Im Süden wich man eher davon ab. Hier findet sich die größte Stadtkirche oftmals abseits der großen Straßenzüge auf einem eigenen, vom Markt gesonderten Platz, was sich an den Stadtplänen von Rottweil, Villingen oder München gut aufzeigen lässt.

Bei jedem Anlagetyp wurde mithin für die günstige Anlage eines oder mehrerer Märkte Sorge getragen. Denn Städte ohne einen Markt blieben die Ausnahme. Vorherrschend waren Straßen- und Platzmärkte. Die älteren Städte im Süden des Reichs kennen eher erstere, im Norden und Osten treten eher letztere auf.

Der charakteristische Stadtgrundriss vieler neu angelegter Städte und Stadterweiterungen in Ostmittel- und Osteuropa belegt, dass sich hier deutlicher als anderswo ein festes Muster ausbildete. Ob im brandenburgischen, später mecklenburgischen Neubrandenburg (s. Abb. S. 51), im südböhmischen Budweis, im schlesischen Breslau, im preußischen Kulm, im estnischen Pernau oder in der polnischen Königsstadt Krakau: typisch für viele dieser Städte ist der schachbrettartige Stadtgrundriss. Ein mittiges Quadrat wurde freigehalten für einen Markt, der auch Funktionsbauten wie dem Rathaus oder der Kaufhalle (und selten der Kirche) Platz bot.

Zusammenspiel mehrerer Siedlungskerne, Neustädte

Mit dem weiteren Anstieg der Bevölkerung im Hochmittelalter und der zunehmenden Attraktivität der Siedlungsform Stadt war es vielerorts notwendig, neue Grundstücke zu erschließen und mehr Fläche zu ummauern. Stadterweiterungen konnten sich dabei ringförmig um bestehende Siedlungskerne legen (Fritzlar, Gelnhausen, Aachen) oder den Gegebenheiten des Geländes angepasst nur zu einer Seite erfolgen (Bern, Torgau).

Während die nutzlos gewordenen Altmauern fast immer abgetragen wurden, blieben Tortürme gelegentlich stehen, um einer anderen Verwendung zugeführt zu werden (Talburger Tor in München, Weißer Turm und Laufer Schlagturm in Nürnberg).

Die vielerorts auftauchenden Begriffe ›Altstadt‹ und ›Neustadt‹ können sich auf eine solche Situation beziehen, in der ein neuer Mauerring ein von der Stadtgemeinde verwaltetes Areal vergrößerte (Frankfurt am Main, Aachen). Häufiger allerdings verweisen sie auf die Anlage einer neuen, baulich und rechtlich getrennten Siedlung neben einer bestehenden wie in Osnabrück, Magdeburg oder Warburg. Manchmal kamen mehrere Neustädte hinzu wie in Kassel (›Freiheit‹ und Unter-›Neustadt‹). In Braunschweig lagen gleich fünf selbständige städtische Einheiten eng nebeneinander (›Alte Wiek‹ mit Wurzeln bis in das 11. Jahrhundert, ›Altstadt‹ um 1130, ›Hagen‹ um 1160, ›Neustadt‹ und ›Sack‹ etwa hundert Jahre später). Im Einzelfall gehorchten Teilstädte sogar unterschiedlichen Stadtherren (Hildesheim).

Im Laufe des Mittelalters konnten sich Teilstädte freiwillig oder auf Druck eines Stadtherrn hin miteinander vereinigen (Breslau 1327, Kassel 1378). Manchmal fielen Teilstädte aber auch der Zerstörung zum Opfer: So überfielen die Bürger der Hildesheimer Altstadt 1332 die 1196 gegründete Hildesheimer ›Dammstadt‹ und machten sie dem Erdboden gleich.

Stadtrechtsfamilien

Soweit sich dies rekonstruieren lässt, wurde den Kaufleuten, die sich nach 1120 in Freiburg im Breisgau ansiedelten, zugesagt, dass bei Auseinandersetzungen nach kaufmännischem Gewohnheitsrecht, insbesondere aber nach Kölner Recht verfahren werden solle (*Quelle 4*). Anders als in der Gegenwart wurde in jener Zeit nicht alles, was als Recht galt, in einem Gesetzbuch festgelegt. Im Alltag ist dies damals wie heute kaum relevant. Für gewöhnlich wissen die Mitglieder einer Gemeinschaft, was erlaubt und was verboten ist. Erst bei unterschiedlichen Rechtsauffassungen braucht es eine Instanz, die entscheidet. Das Freiburger Beispiel zeigt, welche Verfahrensweise das Mittelalter vielerorts fand: Einige Orte und ihr Recht dienten anderen Orten als Vorbild und in einigen Fällen auch als Berufungsinstanz.

Das Prinzip, auf Rechtsgewohnheiten anderer Orte zurückzugreifen, war bereits seit der Jahrtausendwende bei der Begründung von Märkten erprobt worden (*Quelle 1*). Damit erübrigte es sich, von vornherein alle denkbaren Einzelbestimmungen für zukünftige Streitfälle niederzuschreiben. Während aber in älteren Urkunden oft noch mehrere Orte genannt worden waren, die beispielhaft für eine allgemein gültige Rechtsvorstellung standen, war das Versprechen an die Freiburger spezifischer: Die Herzöge sicherten den Bürgern die für diese offensichtlich günstigeren spezifisch Kölner Rechtsgewohnheiten zu (*Quelle 4*). Dies ist typisch für die weitere Entwicklung: Um für Siedler attraktiv zu sein, erhielten Gründungsstädte im Paket die Freiheits- und Mitwirkungsrechte genau eines Ortes. Manchmal war eine solche Übertragung der Anlass, erstmals einige der Regelungen der rechtsgebenden Stadt zu verschriftlichen. Beispielsweise ließ der Mindener Rat, obwohl die Weserstadt selbst Bischofs- und damit ›Mutterstadt‹ war, bei Rechtsunsicherheiten immer wieder in Dortmund nachfragen und die Antworten in die Stadtbücher eintragen. Mehrere Regelungen des münsterschen Stadtrechts wurden erstmals im frühen 13. Jahrhunderts für die Bürger Bielefelds aufgeschrieben.

Solch eine detaillierte Niederschrift blieb jedoch die Ausnahme: Häufiger trifft man auf die pauschale Übernahme des Rechtes einer Stadt, ohne dass Einzelregelungen erwähnt würden. Formelhaft heißt es dann wie in einer Wertheimer

Urkunde von 1306 nur, dass die Bürger der Stadt fürderhin alle »Freiheiten, Immunitäten, Rechte, Ehren, Gnaden und guten Gewohnheiten« genießen sollten wie jene der rechtsgebenden Stadt (im Wertheimer Fall Frankfurt). Genaueres musste im Konfliktfall von dort erfragt werden.

Einige wenige Städte nahmen für viele andere eine solche Vorbildrolle ein, sodass ganze ›Stadtrechtsfamilien‹ entstanden. Im Norden des Reichs hielt man sich an die niedersächsischen Städte Braunschweig und Lüneburg sowie die westfälischen Städte Münster, Dortmund und Soest. Im Westen und Südwesten richtete man sich an Aachen, Frankfurt und Freiburg im Breisgau aus, im Südosten an Nürnberg und Wien. Weiträumiger strahlte das Recht der Städte Lübeck und Magdeburg im Zuge der Ostsiedlung aus. Hunderte von Städten Ostmittel- und Osteuropas übernahmen die Regelungen dieser beiden mächtigen Hansestädte. Das Recht Lübecks (das selbst auf das von Soest zurückging) fand vor allem entlang der Ostsee Verbreitung, also in Mecklenburg, Pommern sowie über die Vermittlung Elbings und Rigas auch in Preußen und im Baltikum. Im Landesinneren breitete sich das Magdeburger Recht über die Mark Brandenburg und die Mark Meißen, über Schlesien, Nordböhmen und Polen bis in die Ukraine aus. Hier gab es ebenfalls Vermittlungsorte wie Stettin, Olmütz oder Kulm, an denen das Recht weiter ausgeformt wurde und die ihrerseits kleine Rechtsfamilien bildeten (*Quelle 6*).

4 Wandlungen im Spätmittelalter

Die Spätphase der Stauferzeit

Im Reich hatten seit der Mitte des 12. Jahrhunderts die Staufer den Ton angegeben. Dieser Familie entstammten von 1138 bis 1254 alle Herrscher bis auf Kaiser Otto IV. aus dem verfeindeten

Geschlecht der Welfen. Drei Königen, Friedrich I. Barbarossa, Heinrich VI. und Friedrich II., gelang es, sich vom Papst zum Kaiser krönen zu lassen. Trotzdem lagen die Staufer wie das Geschlecht der Salier, das zuvor einhundert Jahre Reichsgeschichte geprägt hatte, im Dauerzwist mit dem Papsttum, unterbrochen nur von kurzen Phasen der Eintracht. Besonders galt dies für Friedrich II., eine der markantesten Herrschergestalten der Epoche. Er war der letzte, der die universelle Idee vom Kaiser als dem weltlichen Anführer der gesamten Christenheit mit aller Macht gegen die Ansprüche der Päpste durchsetzen wollte.

Die lange Regierungszeit Friedrichs II. (1212–50) sah ein weiteres Aufstreben der Städte, das er mal beförderte und mal bremste. Um seine Herrschaft nördlich der Alpen durchsetzen und seinen Sohn Heinrich (VII.) zum deutschen Mitkönig erheben zu können, musste er mehrfach den Reichsfürsten entgegenkommen, die eine Begrenzung der Macht der Städte forderten. 1220 garantierte Friedrich den geistlichen Fürsten in der *Confoederatio cum principibus ecclesiasticis*, keine neuen Städte auf kirchlichem Grund zu gründen und Bestrebungen von Städten zu unterbinden, sich Zoll und Münze anzueignen. Ebenso sollten diese keine Hörigen geistlicher Herren als Bürger aufnehmen dürfen, was oft genug zu Spannungen führte. Zwölf Jahre später, 1232, kam er den Bischöfen noch weiter entgegen: Nun wurden sämtliche gegen ihren Willen in den Städten entstandenen Selbstverwaltungseinrichtungen mit einem Federstrich verboten. Frühere Privilegierungen wurden mit der Begründung widerrufen, durch »den Verfall des Rechts wie seine Missachtung in den Gebieten Deutschlands« seien »einige abscheuliche Gewohnheiten so sehr in Übung gekommen, dass sie den Anschein des Guten erwecken, indem sie das Unrecht mit einem falschen Deckmantel verhüllen«. Noch im selben Monat wurden im *Statutum in favorem principum* den weltlichen Fürsten ähnlich weitreichende Zugeständnisse gemacht und der Handlungsspielraum der königlichen Städte eingeengt. Mittelfristig ließen sich indes weder diese Verbote durchsetzen noch die Autonomiebestrebungen unterbinden.

Andere Zeugnisse sprechen für eine städtefreundlichere Politik der Staufer. Mehrfach begünstigten Friedrich II. und sein Sohn Heinrich (VII.) einzelne Städte. Nürnberg und Lübeck erhielten 1219 bzw. 1226 umfangreiche Freiheiten. Seit 1232 konnten die Bürger der hessischen Städte Frankfurt, Friedberg, Wetzlar und Gelnhausen ihre Ehepartner frei wählen. 1245 wechselte der Regensburger Bischof auf die Seite des Papstes und stellte sich gegen Friedrich – im Gegenzug bewilligte dieser den Regensburgern weitgehende Selbstverwaltungsrechte. Zudem sorgten die Staufer in ihren Stammlanden in Schwaben und in Franken dafür, dass weitere Städte entstanden.

Weitere Schritte zur Verselbständigung seit der Mitte des 13. Jahrhunderts

Der Tod Friedrichs II. im Jahr 1250 läutete das Ende der Stauferherrschaft ein. Bereits in den Jahren zuvor hatte sich eine Reihe von Bischöfen und Fürsten offen gegen ihn und seinen Sohn Konrad IV. gestellt, der nach der Absetzung des aufbegehrenden Heinrichs (VII.) zum neuen Mitkönig gewählt worden war. Der Konflikt spitzte sich zu, nachdem der Papst 1245 beide gebannt und ihnen das Amt entzogen hatte. Nacheinander wurden zwei Gegenkönige bestimmt, dennoch konnten die Staufer einstweilen auf die Unterstützung der meisten Städte und einiger weltlicher Fürsten zählen. Friedrichs Tod schuf allerdings ein Machtvakuum. Konrad IV. versuchte noch, in die Fußstapfen seines Vaters im Reich wie in Sizilien zu treten, starb aber selbst 1254. Die allgemeinen Auflösungserscheinungen der Staufermacht gipfelten 1268 in der Hinrichtung des letzten Staufers Konradin nach dessen gescheitertem Versuch, die Herrschaft über Süditalien zurückzuerlangen. Die nun gewählten deutschen Könige aus unterschiedlichen europäischen Hochadelsfamilien vermochten sich im Reich nicht dauerhaft durchzusetzen. Diese erst mit der Wahl Rudolfs von Habsburg von 1273 zum König beendete Phase einer zerfallenen Zentralgewalt wird als *Interregnum* bezeichnet.

Die weitgehend führungslose Zeit bot Städten die Chance, sich weiter zu verselbständigen. Es zeigte sich nun, wie wenig die unter Friedrich II. und Heinrich (VII.) erlassenen Statuten das Drängen der Städte nach größerer Unabhängigkeit langfristig eindämmen konnten. Hier lohnt der Blick auf die alten Bischofsstädte: Wie oben herausgestellt, hatte es schon im 11. und 12. Jahrhundert gewalttätige Auseinandersetzungen zwischen Bischöfen und ihren Städten gegeben. Diese traten jetzt in eine neue Phase ein, die in einigen Fällen mit einer fast vollständigen Unabhängigkeit von bischöflichen Ansprüchen endete. Mehrfach kam es zum offenen Konflikt, und zwar insbesondere am Rhein, wo die Entwicklung am weitesten fortgeschritten war. Straßburg setzte sich 1262 in der Schlacht von Hausbergen gegen seinen Bischof durch, Köln gegen seinen Erzbischof in der Schlacht bei Worringen 1288. Anderswo verlief die Entwicklung weniger gewalttätig. Man setzte stattdessen auf einen Ausgleich zwischen Stadtherrschaft und Stadtbürgerschaft. Augsburg etwa entwickelte im Laufe des 13. Jahrhunderts faktisch eine Unabhängigkeit vom Bischof, ohne dass eine Entscheidung ausgefochten werden musste.

Reichsstädte und Freie Städte

Die meisten Städte im Reich unterstanden geistlichen oder weltlichen Herren, d. h. Bischöfen und Äbten, Herzögen und Grafen. Über manche Städte allerdings herrschten die Könige und Kaiser direkt. Da sie aber angesichts der Ausdehnung des Reichs oft fern waren und ohnedies im Reich seit der Mitte des 13. Jahrhunderts über immer weniger Macht verfügten, brachte diese ›Reichsunmittelbarkeit‹ für eine Stadt verhältnismäßig viel Unabhängigkeit mit sich.

Dabei unterschied sich der Selbständigkeitsgrad von Stadt zu Stadt und von Region zu Region. Kaum noch Zugriffsmöglichkeiten hatte die Reichsgewalt auf Norditalien, dessen Stadtstaaten quasi unabhängig wurden. Bei den Städten zwischen Nordsee und Alpen unterscheidet man allgemein zwischen Reichsstädten und Freien Städten, ohne dass eine präzise Abgrenzung möglich wäre. Mit den ›Freien Städten‹ sind einige jener altehrwürdigen Mutterstädte gemeint, die sich wie Köln oder Straßburg weitgehend aus der Macht des Bischofs hatten lösen können (*Quelle 20*). Dies gelang vor allem den Bischofsstädten am Rhein sowie einigen im französischsprachigen Teil des Reichs (Metz, Toul u. a.). Im Norden strebte Bremen den Status an; Lübeck hatte ohnedies niemals seinem Bischof unterstanden. Gelegentlich werden noch weitere Städte wie Braunschweig oder Hamburg zu den Freien Städten gezählt, weil sie vom König eine Reihe von Freiheitsrechten erhalten hatten. Zu erwähnen sind weiterhin noch Konstanz, Augsburg und Chur, wo der Bischof zwar Rechte behielt, die Vogtei und damit die Hochgerichtsbarkeit jedoch beim König lag, was diesen Städten ebenfalls einen befreiten Charakter verlieh.

Die ›Reichsstädte‹ hingegen waren vordem keinem bischöflichen Stadtherren untergeben gewesen. Weniger noch als die Freien Städte bilden sie eine einheitliche Gruppe. Sie unterscheiden sich vor allem in Bezug auf den Ursprung ihrer Beziehung zum Königtum:

- Es gab Städte, die an alten Königspfalzen entstanden waren. Aachen als Krönungsort ist hier das markanteste Beispiel. Dass Pfalzen eine gute Ausgangsposition für die weitere Entwicklung boten, belegen Orte wie Nürnberg, Dortmund oder Frankfurt.
- Mehrfach hatten die Staufer Stadtgründungen auf Reichsgut befördert. Wie sich daraus nach deren Niedergang eine reichsunmittelbare Stellung ableiten lassen konnte, zeigt die Geschichte Schweinfurts: Im 12. Jahrhundert auf Betreiben Friedrichs I. Barbarossa an einem wichtigen fränkischen Mainübergang entstanden, wurde der Stadt 1254 während des Wiederaufbaus nach einer Fehde bescheinigt, ›einstmals‹ Reichsstadt gewesen zu sein, so als habe sie diesen Status schon immer besessen.
- Einige Reichsstädte erwuchsen aus staufischem Hausgut, also dem Eigenbesitz der Familie, wofür die Pfalz Hagenau oder die ursprünglich welfischen und dann staufischen Siedlungen Memmingen und Ravensburg stehen können. Nach dem Aussterben der Staufer und dem Ende des Interregnums fanden sich diese in Reichsbesitz wieder.
- Weitere Städte unterstanden ursprünglich anderen, lokalen Herren, waren aber gerade rechtzeitig von Friedrich II. privilegiert worden, um in der zweiten Hälfte des 13. Jahrhunderts einen reichsunmittelbaren Status zu behaupten. Hierzu rechnen kleinere Städte wie Weil der Stadt in Württemberg oder Wangen im Allgäu, das seine von Friedrich II. gewährten Privilegien gegen die Ansprüche des Klosters Sankt Gallen durchsetzen konnte. Gerade bei Klöstern als ursprünglichen Grundherren wurde dieser Entwicklung dadurch Vorschub geleistet, dass die Staufer ähnlich wie bei den genannten süddeutschen Bischofsstädten die Vogteirechte für das Reich hatten beanspruchen können. Zürich bietet ein Beispiel für diese Entwicklung.

Bei den Freiheiten, die eine Freie Stadt oder eine Reichsstadt erworben hatte, handelte es sich um ein ganzes Bündel von Privilegien, das Freiheitsrechte für den Einzelbürger wie für das Gemeinwesen als ganzes umfasste. Die Zusammensetzung dieses Bündels war uneinheitlich. Bereits die jeweiligen Eidesformeln, mit denen die Bürger gegenüber ihrem königlich-kaiserlichen Stadtherren in Worte fassten, welche Pflichten ihnen oblagen, wichen voneinander ab. Ob bei der Pflicht, dem Herrscher zu huldigen, ihm Gehorsam zu schulden, ihn bei seinem Romzug zu unterstützen oder dem Reich im Kriegsfall Truppen zu stellen und Steuern zu zahlen: Besonders den Freien Städten gelang es, die Reichsunmittelbarkeit weiter auszubauen, indem sie sich sogar von einigen jener Lasten befreien ließen, die sie im Normalfall angesichts ihres Status hätten erbringen müssen. Andere reichsunmittelbare Städte mussten sich deutlich stärker an der Finanzierung der Reichsaufgaben beteiligen.

Daneben konnten in Freien Städten wie in Reichsstädten andere geistliche oder weltliche Herren Ansprüche erheben, die nach und nach abgelöst werden, in Vergessenheit fallen oder aber unter veränderten Machtverhältnissen nach Jahrzehnten wieder geltend gemacht werden konnten. Wer innerhalb der jeweiligen Konstellation von wem was forderte, unterschied sich von Stadt zu Stadt, was ein weiteres Beispiel für die charakteristisch mittelalterliche Vielschichtigkeit der Rechtszustände gibt.

Ungeachtet der Verschiedenheit der Rechtslage vor Ort bildete sich am Übergang vom Hochmittelalter zum Spätmittelalter eine gemeinsame Vorstellung davon aus, was Städte ausmachte, die dem König bzw. dem Kaiser unmittelbar unterstanden. Trotz oder gerade wegen der Unterschiede, die es im einzelnen gab, pochte man in den reichsunmittelbaren Städten energisch auf seinen jeweiligen Status. Doch viele Reichsstädte mussten erkennen, dass die Unabhängigkeit stets gefährdet blieb. Städte konnten verpfändet werden, und es war häufig ungewiss, ob es je zu einer Einlösung kommen würde. So wurde Eger mit den Jahren böhmisch, fiel Düren an Jülich und gelangte Oppenheim an die Kurpfalz. Benachbarte Fürsten konnten einen Moment der Schwäche nutzen und eine Stadt mit Gewalt ihrem Territorium einverleiben. Insgesamt verlor fast ein Drittel aller Reichsstädte bis zum Ausgang des Mittelalters seine Selbständigkeit an einen Landesherrn. Betroffen waren vorwiegend kleine Gemeinden, die dem Druck sich ausbreitender Territorien kaum etwas entgegenzusetzen hatten. Aber selbst größere Städte konnten sich manchmal nur unter der Aufbietung äußerster Kräfte halten, wie das Beispiel der vordem mächtigen Hansestadt Dortmund zeigt. Diese vermochte sich 1388/89 dem Zugriff der Kölner Erzbischöfe wie der Grafen von der Mark zwar um Haaresbreite zu entziehen, überstand die Kriegshandlungen jedoch nur hochverschuldet und auf Dauer geschwächt.

Sogar einer der großen rheinischen Bischofsstädte blieb der Verlust ihrer Selbständigkeit nicht erspart: Mainz wurde 1462 vom Bischof erobert und aller seiner Freiheiten beraubt. Noch im fernen Augsburg sah man diese Entwicklung mit Schrecken, wie der dortige Chronist Burkart Zink erkennen lässt, nicht ohne auf die Uneinigkeit der Mainzer Bürgerschaft zu verweisen, die an der Entwicklung Mitschuld trage: »Der große Verrat und das Grauen, das sich dort abgespielt hat in einer so würdigen Stadt, das soll zu Recht allen Reichsstädten wie ein Spiegel als ein Beispiel vor Augen stehen«. Nur die mächtigsten und für das Selbstverständnis des Reichs symbolisch und machtpolitisch wichtigsten Städte wie Aachen, Frankfurt oder Nürnberg blieben relativ unbehelligt. Ebenso wagte es niemand, Lübeck herauszufordern, das stark genug war, zu Land und zur See Krieg zu führen.

Die Weiterentwicklung der alten städtischen Führungsgruppen

Wo es einer Stadt im Laufe des Hochmittelalters gelungen war, sich Selbstbestimmungs- und Selbstregierungsrechte zu sichern, lag ihre Leitung meist in den Händen einer kleinen alteingesessenen Führungsgruppe. Als viele Städte in der zweiten Hälfte des 13. Jahrhunderts ihren Bewegungsspielraum ausweiten konnten, profitierten diese Gruppen hiervon besonders. Nachdem sich städtische Ämter ausgebildet hatten, verblieb die Möglichkeit, diese zu besetzen, für Generationen bei denselben Familien. Söhne eines Ratsherrn oder Schöffen hatten gute Aussichten, selbst einmal ein städtisches Amt zu bekleiden.

In der modernen Geschichtsforschung oft als ›Patriziat‹ oder ›Stadtadel‹ bezeichnet, erscheinen die Führungsgruppen im Sprachgebrauch der Zeit eher als ›die Besten‹ (*optimi*), ›die Ausgezeichneten‹ (*discreti*), ›die Ältesten‹ (*seniores*), als ›Geschlechter‹ und dergleichen. Die genaue soziale Herkunft der Patrizierfamilien lässt sich im einzelnen nur mühsam erschließen, da es kaum Quellen für die frühen Zustände innerhalb der Städte gibt. Immerhin lässt sich ein grobes Bild zeichnen: Im Süden und Westen des Reichs fanden sich unter den ratsfähigen Geschlechtern eher die Nachfahren der stadtherrlichen Ministerialen, also von Dienstleuten der Stadtherren (*Quelle 20*). Im Norden und Osten beherrschten meist Familien das Feld, die vor allem im Fernhandel wohlhabend geworden waren. Gelegentlich stießen Landadlige hinzu, die in die Stadt übersiedelten. Ausnahmsweise wurden vormals nicht-patrizische, aber zu Reichtum und Einfluss gelangte Familien zugelassen. In einigen Orten saßen Ministerialen gemeinsam mit Fernhändlern im Rat, in anderen entstammten die Kaufleute selbst der Dienstmannenschaft des Stadtherrn. In Köln beispielsweise fanden sich die Familien der Ministerialität im stadtherrlichen Schöffenkolleg wieder, das für die Gemeinde Gerichtsaufgaben wahrnahm. Spätestens im späten 12. Jahrhundert vereinten sich diese Schöffenfamilien mit reichen Kaufmannsfamilien in der ›Richerzeche‹, einer Bruderschaft, die das Zusammenleben in der Stadt regelte und aus deren Reihen die Bürgermeister hervorgingen. In Regensburg dagegen lagen Ministerialen und Kaufleute noch das ganze 13. Jahrhundert über im Streit miteinander, ohne zu einem gemeinsamen Vorgehen zu finden.

Patrizierfamilien legten großen Wert darauf, ihren herausgehobenen Status und den Anspruch auf eine ehrenvolle Abkunft für alle sichtbar zu machen. Man pflegte einen entsprechenden Lebensstil, es gab eigene Trinkstuben und eigene Tanzveranstaltungen, und man führte ein adelsgleiches Leben – die Ausrichtung von Turnieren eingeschlossen (*Quelle 13*). Unterdessen suchte man die Nähe zum Landadel und beanspruchte Ebenbürtigkeit mit diesem. Dennoch glich die Stellung der Patrizier in der Stadt nicht der des Adels auf dem Land. Eine Reihe von Städten versuchte sogar gezielt, ihren Bürgern die Übernahme von Lehen auf dem Land zu verbieten, um konkurrierende Treuepflichten auszuschließen. Denn wie verfestigt die Führungsrolle auch sein mochte, baute sie stets auf der Vorstellung auf, sie beruhe auf der Zustimmung der Gesamtgemeinde.

Reichtum allein sicherte einer Familie noch lange nicht eine Beteiligung an der Leitung des Gemeinwesens, und dies zumal dann, wenn er erst seit kurzem erworben worden war. Vielerorts verwahrten sich die alten patrizischen Familien vehement gegen Neuzugänge aus anderen wirtschaftlich aufstrebenden Gruppen der einheimischen Bürgerschaft. Nur selten ließ man diese zu städtischen Leitungsämtern zu oder erlaubte man ihnen die Einheirat. Eher schon war man bereit, den eigenen Nachwuchs mit gleichrangigen Familien aus anderen Städten zu verheiraten. Noch lieber fand man passende Partner im niederen Adel, bis dieser sich seinerseits gegen die Einheirat patrizischer Bürger in seine Reihen abschloss. Für wohlhabende patrizische Familien konnte Geld auf lange Sicht allerdings ein Mittel sein, nicht nur adelsähnlich aufzutreten, sondern Grundherrschaften auf dem Land zu erwerben und so in den landsässigen Niederadel überzutreten.

Innerstädtische Auseinandersetzungen: ›Bürgerkämpfe‹ und ›Zunftherrschaft‹

Die Zahl der Familien, denen es in den älteren und größeren Städten gelang, ins städtische Patriziat vorzurücken, genügte demnach kaum, um die Ansprüche aufstrebender Gruppen auf eine Teilhabe an der Lenkung der Geschicke der Stadt zu befriedigen. Dies führte wiederholt zu schweren Auseinandersetzungen zwischen jenen, die die Macht bereits besaßen, und jenen, die an ihr teilhaben wollten. Oft genug verliefen diese Konflikte blutig, und nur wenige Städte blieben von ihnen verschont.

In zahlreichen Städten waren es die in Zünften organisierten Handwerker, die aufbegehrten, sodass die ältere Forschung früher von ›Zunftunruhen‹ oder ›Zunftrevolutionen‹ gesprochen hat. Heute verwendet man eher die Begriffe ›Bürgerkämpfe‹, ›Stadtkonflikte‹ oder ›innerstädtische Auseinandersetzungen‹, denn oft genug zogen sich die Risse quer durch die gesamte Stadtgesellschaft. Einzelne Patrizier konnten sich den Rebellierenden anschließen, Zunftmitglieder oder ganze Zünfte der alten Führung treu bleiben. Doch darf man deshalb die Bedeutung der Zünfte für den Prozess als solchen nicht unterschätzen. Ob ›Schicht der Gildemeister‹ (Braunschweig wohl ab 1292), ›Weberschlacht‹ (Köln 1370–71) oder ›Knochenhaueraufstand‹ (Lübeck 1380/84): seit dem späten 13. Jahrhundert führten die Handwerkervereinigungen regelmäßig die Unruhen an (*Quelle 14*).

Mit den Revolutionen der Neuzeit haben diese Ereignisse soziale Spannungen als Wurzel der Konflikte und aufsehenerregende Ausbrüche von Gewalt gemein. Anders als bei diesen ging es indes im Mittelalter nicht um den Kampf um eine neue Gesellschaftsform, sondern um die Wiederherstellung einer mutmaßlich verlorenen Harmonie. Sosehr die Interessen auch auseinanderklafften, waren sich die Bürger doch stets bewusst, aufeinander angewiesen zu sein. Zwietracht gefährdete die erreichte Unabhängigkeit und die erreichten Freiheiten. Wenn sich ein Konflikt aus der Sicht einiger Beteiligter überhaupt nicht mehr vermeiden ließ, berief man sich auf die städtische Eintracht, die es wiederherzustellen gelte. Man argumentierte mit der Vergangenheit, selbst wenn man aus heutiger Sicht Neuerungen einführte.

Bei allen lokalen Unterschieden verliefen etliche Stadtkonflikte nach einem ähnlichen Schema. Unruhen ging meist eine längere Phase der Unzufriedenheit voraus. Die Ursachen hierfür konnten vielfältig sein. Miteinander in Fehde liegende Fürsten, Erbfolgestreitigkeiten, religiöse Zerwürfnisse und Kriege belasteten auch die Bürger. Auseinanderdriftende ökonomische Interessen einzelner Gruppen in den Städten taten auf die Dauer das Ihre. Auffällig ist eine wiederkehrende Überlagerung reichsweiter, regionaler und lokaler Konflikte. Die Kräfte weltlicher und geistlicher Herren, die sonst eine alte Ordnung hätten wiederherstellen können, konnten anderweitig gebunden sein. Ein Stadtherr in Bedrängnis konnte bei einer unzufriedenen Gruppe um Unterstützung werben, indem er ihr mehr Macht innerhalb der Stadt versprach, was dann die Bürgerschaft spaltete. Nur zu oft fanden sich die innerstädtischen Gegner auf unterschiedlichen Seiten eines überstädtischen Konflikts wieder.

Dann brauchte es lediglich einen Anlass, damit seit längerem schwelende Konflikte offen ausbrachen. Insbesondere Maßnahmen des regierenden Rats konnten der Tropfen sein, das Fass zum Überlaufen zu bringen. Als Auslöser von Aufständen nennen die Quellen hier immer wieder Klagen über bedrückende Steuererhöhungen oder die ungleiche Verteilung von Lasten, Vorwürfe der Bestechlichkeit oder Vetternwirtschaft sowie die Angst vor einem Ausverkauf städtischer Freiheiten an äußere Feinde.

Häufig kam es dann zu einem Auflauf aufbegehrender Bürger an einem markanten Platz innerhalb der Stadt. Gerne versammelten diese sich gegliedert nach städtischen Untergruppen hinter ihren ›Bannern‹ (Fahnen). Obwohl die Volksversammlung ein althergebrachtes Element städtischer Verfassungen war und ein gemeinschaftlicher Protest vielen Bürgern legitim erschien, ging von solchen Zusammenkünften Gefahr aus. Ein öffentlicher Protest konnte umschlagen und in einem Gewaltexzess enden. Städtische Obrigkeiten reagierten darauf, indem sie Zusammenrottungen oder politische Meinungsäußerungen überhaupt als Friedensbruch werteten und damit zum hinrichtungswürdigen Verbrechen machten. Ein solches Vorgehen konnte seinerseits auf einen Stadtrat zurückfallen, wenn es keinerlei Ventil mehr gab, Unmut zu äußern.

Ein Erfolg der Aufbegehrenden zog regelmäßig die Einsetzung neuer Amtsträger nach sich. Dabei konnte wie in Braunschweig 1374 ein Teil der alten Führungsgruppe zu Tode kommen, verbreiteter noch war indes, die alten Eliten aus der Stadt zu vertreiben. Ein neuer Rat stand dann vor der Herausforderung, beim Stadtherrn und den übrigen Städten Anerkennung zu finden. Dies war insofern schwierig, als diese häufig die bestehenden Amtsinhaber stützten. Die Hanse (s.u. S. 70–74) erließ zum Beispiel Regeln, nach denen Städte mit einem Handelsboykott belegt werden sollten, wenn sie rechtmäßige Räte entmachteten.

Der Ausgang eines innerstädtischen Konflikts war ungewiss. Mancherorts setzten sich neue Führungsgruppen durch und verdrängten die alten dauerhaft. Anderswo blieb der Griff nach der Macht eine kurze Episode. Allerdings glückte es einem Stadtpatriziat nur selten, die Ansprüche völlig zurückzuweisen. Weitgehend gelang dies in Nürnberg, wo die ›Geschlechter‹ die Macht bis ins 18. Jahrhundert hinein unter sich aufteilten und nur wenigen Zunftmitgliedern untere städtische Verwaltungsämter zugestanden. Doch dies war untypisch. Häufiger kam es zu einem Ausgleich, der zu einer Neuregelung der Ämterbesetzung führte und hierbei fast immer die Zünfte in die Stadtregierung einband. Möglich war dies durch eine feste Quotierung der ihnen im Rat zustehenden Plätze wie in Frankfurt am Main. Eine andere Lösung war die Einrichtung von Kontrollgremien (›große‹ und ›kleine Räte‹, Ausschüsse usw.). Denkbar war schließlich ebenso, wie in Köln die Patrizier eine eigene Zunft bilden zu lassen bzw. alle Bürgerrechtsinhaber zu verpflichten, sich in eine Zunft einzuschreiben.

Nach Beilegung der Konflikte war es unverzichtbar, die wiedererlangte Eintracht zu befestigen und einen Schlussstrich unter die Streitigkeiten zu setzen: Verbannte durften in die Stadt zurückkehren, der erreichte Status wurde neu verbrieft, und die Bürger versprachen sich gegenseitig, erlittenes Unrecht nicht zu rächen. Dennoch konnten schwelende Konflikte wieder aufbrechen. Berühmt ist der spöttische Blick, den der Zollschreiber Hermann Bote am Ausgang des Mittelalters in seinem *Schichtbuch* auf die Krisen warf, die seine Heimatstadt Braunschweig zwischen 1292 und 1490 erfasst hätten: »Man sagt, und das ist wahr, dass aus einem Übel immer zwei Übel nachfolgen, nämlich ein Übel und etwas noch Übleres.« Welchen Ausgang ein Zwist auch nahm: Bei Bote wie überall im städtischen Schrifttum wird die große Sehnsucht nach dem städtischen Konsens deutlich.

Die Gründung von Klein- und Kleinststädten im Spätmittelalter

Aus den Mutter- und Gründungsstädten erwuchsen die bedeutendsten Städte Mitteleuropas mit den umfangreichsten Freiheitsrechten. Sie stellen jedoch nur einen kleinen Teil der vielen heute noch bestehenden städtischen Siedlungen dar, die auf das Mittelalter zurückgehen. Zwischen 1250 und 1450 entstanden Hunderte von Klein- und Kleinststädten. Vielfach setzten weltliche und geistliche Fürsten die Anlage neuer oder die Aufwertung bestehender Siedlungen gezielt als Mittel des Landesausbaus ein. Dies steht im Zusammenhang mit der spätmittelalterlichen Territorialisierung, also dem Bestreben, alle Kräfte und Gewalten eines Gebiets unter die Herrschaft eines einzigen Landesherrn zu bringen.

Kaum eine dieser Siedlungen holte den Entwicklungsvorsprung der älteren Städte auf. Im Gegenteil war es für Landesherren vorteilhaft, die Landschaft mit überschaubaren Wirtschaftszentren eigenen Rechts zu durchsetzen, von denen keine Gefahr für sie ausging. Das eingeführte Muster der Stadtgründung eignete sich eben auch für Orte mit geringer Einwohnerzahl und beschränkten Freiheiten. Selbst Herrscher über kleinste Gebiete betätigten sich als Gründer, bezeugte dies doch ihren hervorgehobenen Status.

Vielerorts verlegte man Funktionen von den Adelsburgen in kleine ›Amtsstädte‹, die wie im fränkischen Kronach oder im westfälischen Steinfurt unmittelbar neben diesen errichtet werden konnten. Viele Kleinststädte waren zudem ›Ackerbürgerstädte‹. Ihre Bevölkerung war zu klein, um jenseits der Alltagsberufe (Bäcker, Fischer, Metzger, Schmiede usw.) über eine differenzierte Handwerkerschaft zu verfügen. Eine Mehrheit der Bewohner dieser Siedlungen lebte überwiegend von einer Betätigung in der Landwirtschaft. Dabei waren die Übergänge zwischen Ackerbürgerstadt und Dorf fließend, weil in manchen Regionen auch Dörfern stadtähnliche Freiheiten zugebilligt wurden und sie sogar Befestigungen erhielten.

5 Städtische Zusammenschlüsse

Ein organisiertes gemeinschaftliches Vorgehen von Städten war in der Frühzeit der Entwicklung unvorstellbar. Für die Außenbeziehungen war zunächst allein der Stadtherr zuständig gewesen; nur die Einbindung in die kirchliche Verwaltungsgliederung (Pfarrei und Bistum) hatte eine Ausnahme gebildet. Doch pflegten Bewohner unterschiedlicher Städte Kontakte, die sich verfestigten und allmählich den Charakter von Zusammenschlüssen annehmen konnten. Dies hatte verschiedene Ursachen: Die Mobilität nahm zu. Der Fernhandel beförderte rege Wirtschaftsbeziehungen und einen Fluss der Kommunikation. Die Führungsschichten heirateten untereinander. Es lag nahe, bei gemeinsamen Interessen ein gemeinsames Vorgehen zu vereinbaren: Zum einen gab es das Bedürfnis, Handel zu strukturieren und sich gemeinschaftlich um bessere Handelsbedingungen zu bemühen. Zum anderen hegten Stadtgemeinden den Wunsch, Möglichkeiten der Selbstbestimmung auszuweiten und einmal erlangte Vorrechte nicht wieder aufzugeben.

Die Hanse

Dass heute vor allem norddeutsche Seehäfen noch mit Stolz auf ihre hansische Vergangenheit das ›H‹ im KFZ-Kennzeichen führen, könnte nahelegen, bei der Hanse habe es sich um ein allein auf die Seefahrt ausgerichtetes Unternehmen gehandelt. Ihr Erfolg lag aber gerade darin, dass sie See- und Binnenlandhandel miteinander verband. Die Hanse war ein weiträumiger Zusammenschluss von Städten, welcher seinen Kaufleuten Handelsvorrechte in Nordwest-, Nord- und Osteuropa sicherte. Voraussetzung für das Recht der Kaufleute, an den Privilegien teilhaben zu dürfen, war die Zugehörigkeit der Stadt zum Verbund. Reichsunmittelbare Städte wie Dortmund, Goslar oder Bremen waren ebenso unter ihren Mitgliedern zu finden wie Orte, die einem geistlichen oder weltlichen Fürsten unterstanden. In ihrer Hochphase umfasste die Hanse Städte aus einem Raum vom Rheinland und von den heutigen Niederlanden bis nach Polen und Estland.

Die Hanse vermittelte Waren zwischen weit auseinanderliegenden Wirtschaftsräumen. In Brügge, London, Bergen und Nowgorod, vier besonders bedeutenden Handelsorten, betrieb sie eigene Niederlassungen. Ihre Kaufleute handelten mit Wachs aus dem Baltikum, Pelzen aus den nordrussischen Wäldern, Hering aus der Ostsee, Stockfisch aus Norwegen und in den Hansestädten selbst verfertigten Produkten. Sie versorgten die Bevölkerungszentren Westeuropas mit Getreide, Fisch, Salz, Holz, Teer, Pech und weiteren Massengütern. In den Osten lieferten sie vor allem Textilien, Salz und Silber.

Die Hanse entstand als Vereinigung älterer Händlergenossenschaften. Kölner Kaufleute hatten sich schon lange im Englandhandel engagiert und waren 1157 vom englischen König Heinrich II. in Schutz genommen worden. In Soest gab es wohl bereits im 12. Jahrhundert eine Bruderschaft der ›Schleswigfahrer‹. Zunächst traten also lediglich die aus einer Stadt stammenden Händler gemeinsam in Erscheinung. Der Zusammenschluss von Händlern mehrerer Städte bahnte sich schließlich im Ostseeraum an, als Lübeck kurz nach seiner Gründung

Haithabu/Schleswig als Drehscheibe des Handels zwischen West und Ost ablöste.

Viele Lübecker Kaufmannsfamilien hatten westfälische Wurzeln und konnten auf etablierte Verkehrswege zurückgreifen, denn die westfälischen Kaufleute hatten bereits Erfahrung im Handel mit England, Russland und Skandinavien. So wurde gemeinsames Auftreten befördert und eine Handelsroute gefestigt, die Skandinavien, Nordrussland und das Baltikum über Lübeck, Hamburg, Bremen, Osnabrück und Münster mit den reichen Zentren Flanderns, Frankreich und England verband.

Die noch jungen Gründungsstädte an der südlichen und östlichen Ostseeküste nutzten das bestehende Handelsnetzwerk. Ihre Bürgergemeinden hatten fast alle das Lübecker Recht verliehen bekommen. Verkehrsgünstig gelegen wurden diese Städte nun ihrerseits zu Mitgliedern der Hanse. Ihre Führungsschichten waren mit den Familien der älteren Städte eng verflochten. Zusätzliche Märkte eröffnete die Christianisierung des Baltikums durch den Schwertbrüderorden und den Deutschen Orden. Wie weiträumig die Verbindungen schon früh waren, zeigt ein Vertrag aus dem Jahr 1229 zwischen dem Bischof von Riga und dem Fürsten von Smolensk, der den Russen wie den ›Lateinern‹, also allen christlich-katholischen Kaufleuten, dieselbe Handelsfreiheit einräumte. Neben Kaufleuten aus Riga und von der Insel Gotland eigens aufgeführt werden deutsche Kaufleute, welche die Übereinkunft vermittelt hatten. Deren in der Urkunde erwähnte Herkunftsorte, nämlich Lübeck, Soest, Münster, Groningen, Dortmund und Bremen, waren später allesamt wichtige Hansestädte.

Verbünde von Kaufleuten hatten sich in der Frühzeit erst in der Fremde zusammengefunden, und zwar meist in der Form eidlich miteinander verbundener Bruderschaften, die manchmal ›Hansen‹ genannt wurden. Als immer stabilere und komplexere Bande zwischen den Fernhändlern verschiedener Orte entstanden, begannen sie nach einer geeigneten Rechtsform zu suchen. Sich untereinander Regeln zu geben, fiel nicht schwer, doch wie sollte man als Gruppe einem Fürsten, einem Bischof, einem König gegenübertreten? Selbst ein Name fehlte noch – erst 1267 ist das Wort ›Hanse‹ erstmals im Singular auf die Gesamtvereinigung bezogen. Im Ostseeraum führte die Genossenschaft anfangs den umständlichen Kunstnamen *universitas mercatorum Romani imperii Gotlandia frequentantium*, die ›Gemeinschaft aller Kaufleute des Römischen Reichs, die Gotland anfahren‹. Im Westen ließ man sich als ›Kaufleute aus dem Reich‹ oder als *gemenen kopman*, ›vereinigten Kaufmann‹, bezeichnen. Der Verweis auf das Reich war jeweils insofern berechtigt, als man sich mehrfach des Schutzes des römisch-deutschen Königs vergewisserte.

In den letzten Jahren des 13. Jahrhunderts baute Lübeck seine Vormachtsstellung innerhalb der Hanse aus und zog die Funktion als Berufungsinstanz in Streitfällen an sich. Da allein Lübeck im Norden die Reichsfreiheit besaß und der König fern war, konnte es beinahe frei schalten und walten. Sein Aufstieg markiert einen Wandel in der Funktionsweise der Hanse, der häufig als der Übergang einer ›Kaufleutehanse‹ zu einer ›Städtehanse‹ beschrieben wird. Seit dem 14. Jahrhundert entsandten die Städte offizielle Beauftragte zu ›Hansetagen‹ – Versammlungen, die oft in Lübeck tagten und auf denen Beschlüsse für die Gesamtheit gefasst wurden. Die Wirtschaftsvereinigung bekam eine zunehmend politische Seite. Das entstehende übernationale Gebilde war eines der eigentümlichsten des Mittelalters. Insbesondere in England und Flandern war man irritiert, dass eine Gruppe von Kaufleuten aus unterschiedlichen Städten mit unterschiedlichen Herren als Gemeinschaft auftreten konnte, ohne dass deren jeweilige Herren einen Einfluss auf die Handlungsweise der Gesamtheit nehmen konnten. Diese Gemeinschaft, die sich ab Mitte des 14. Jahrhunderts nun selbst *dudesche hanse* nannte, führte nun auch militärische Operationen durch: so schon bei einer Blockade Flanderns 1358–60, so später in Auseinandersetzungen mit Dänemark oder mit den ›Vitalienbrüdern‹, jenen Piraten, die unter ihren Anführern Klaus Störtebeker und Gödeke Michels die Nord- und Ostsee unsicher machten.

Auch nach der Entwicklung hin zur Städtehanse vertrat der Verband vornehmlich die Interessen der Fernhandelskaufleute. Die Hanse blieb letztlich eine Vereinigung zur Beförderung des Handels, zudem saßen ebendiese Kaufleute vielfach in den Stadträten. Kam es in Städten zu innerstädtischen Konflikten, tendierte die Hanse dementsprechend dazu, sich auf die Seite der alteingesessenen Patrizier zu schlagen. Jedes Aufbegehren in den Städten gegen die Vormacht der Händler-Eliten erschien als Bedrohung, welche die Hanse als ganze bekämpfen sollte. Hatte im Zuge einer innerstädtischen Auseinandersetzung ein alteingesessener Rat seine Macht verloren, konnte die ganze Stadt seit 1418 mit der ›Verhansung‹, also dem zeitweiligen Ausschluss aus der Hanse und dem Verlust aller Handelsvorrechte, belegt werden (*Quelle 14*).

Die Hanse war die im Mittelalter erfolgreichste Handelsvereinigung und zudem die einzige, die in größerem Umfang Politik betrieb. Ähnlichen Ansätzen wie den flämischen Kaufleuten der ›52 Städte‹ oder den englischen ›Merchant Adventurers‹ war keine vergleichbare Lebensdauer beschieden oder ihnen fehlte eine politische Ausrichtung. Zwar gab es in Süddeutschland ebenfalls große Handelsvereinigungen wie die seit dem Ende des 14. Jahrhunderts tätige ›Große Ravensburger Handelsgesellschaft‹, doch gab es hier keine direkte Verbindung zu Bündnissen zwischen den Städten.

Geistliche und weltliche Stadtherren wussten, welche Gefahr ihnen drohte, wenn sich Städte untereinander auf ein gemeinsames Vorgehen einigten. Bereits im 12. Jahrhundert war Kaiser Friedrich I. Barbarossa in Norditalien auf den hartnäckigen Widerstand verbündeter Städte gestoßen. Dort hatten sich die wohlhabenden Städte lange weitgehend unbehelligt entfalten können. Als der Kaiser kam, um seine Herrschaft wieder stärker durchzusetzen (Reichstag von Roncaglia, 1158), schlossen sich eine Reihe der Städte der Poebene 1164 im Veroneser Bund zusammen, aus dem 1167 der Lombardenbund unter Führung von Mailand hervorging. In der Schlacht von Legnano 1176 musste Friedrich eine bittere Niederlage hinnehmen und in der Folge weitgehende Zugeständnisse an die Kommunen machen.

Ähnliche Phänomene traten nördlich der Alpen mit gut hundert Jahren Verzögerung in Erscheinung. Hier gab es ebenfalls Gründe zuhauf, sich gegen Fürsten zu stellen: Städte wollten einmal gewonnene Privilegien nicht durch einen neuen Herrscher gefährdet sehen. Sie fürchteten überdies eine Verwicklung in die Kämpfe zwischen den Fürsten um die Vormacht im Reich. Insbesondere Reichsstädte stemmten sich mit aller Kraft dagegen, zum Spielball der Machtpolitik zu werden.

In der ersten Hälfte des 13. Jahrhunderts erwuchsen aus punktuellen, zeitlich begrenzten Ansätzen einige erste Bündnisse. Einige Städte am Mittelrhein und in der Wetterau (Mainz, Bingen, Worms, Speyer, Frankfurt, Gelnhausen, Friedberg) verabredeten ein Bündnis, das König Heinrich (VII.) 1226 aufzulösen befahl. Doch ebenso wenig wie das allgemeine Bündnisverbot von 1231 oder die Beschränkung der Autonomie 1232 (s. o. S. 56) vermochte dieser Erlass langfristige Wirkung zu erzielen. Als die Zentralgewalt im Reich wegen des aufflackernden Konflikts zwischen Kaiser und Papst erneut geschwächt war, schlossen sich 1246 Münster, Osnabrück, Minden, Coesfeld und Herford im ›Ladbergener Bund‹ zusammen. Dieser diente vornehmlich der Sicherung von Handel und Verkehr, richtete sich aber zugleich gegen Übergriffe der bischöflichen Stadtherren in Münster und Osnabrück. Regionale Unionen zum Schutz der Autonomie gegenüber den Landesherren sollte es in den folgenden 150 Jahren immer wieder und vielerorts geben, ob nun im seit 1308/09 existierenden märkischen Städtebund unter der Führung Berlins, im Elsässer Zehnstädtebund der Mitte des 14. Jahrhunderts oder in der Vereinigung von 18 nordhessischen Städten gegen Landgraf Hermann den Gelehrten 1376, um nur einige zu nennen.

Mehrfach schlossen sich Städte auch überregional zu Vereinigungen zusammen. Der ›Rheinische Bund‹ unter der Führung von Mainz und Worms versammelte 1254 bis 1257 mehr als 60 Städte. Er versuchte das Machtvakuum zu füllen, das während des Interregnums entstanden war, als die staufische Königsherrschaft zusammengebrochen war und bürgerkriegsähnliche Zustände herrschten. Zwar brach das Bündnis bald wieder auseinander, doch immerhin lässt sich in der Planung eines ›Friedenshauses‹ in Mainz ein zaghafter Versuch erkennen, eine kollektive Identität zu entwickeln und sich eine feste Form zu geben. Stabiler war ein Ende des 14. Jahrhunderts gegründeter sächsischer Städtebund. Unter der Führung der großen Hansestädte Braunschweig und Magdeburg sollte er über ein Jahrhundert Bestand haben. Für Süddeutschland bedeutsam ist schließlich ein Bündnis schwäbischer Städte, die im 14. Jahrhundert ihre Freiheiten gegenüber den Herzögen von Bayern und den württembergischen Grafen behaupten wollten. Zusammen mit den Städten eines neu aufgelegten Rheinischen Städtebundes wagten sie den Aufstand, beide Bünde mussten aber 1388 große Niederlagen hinnehmen, welche die Macht der Unionen weitgehend brachen.

Stadtwelten

1 Die Ordnung des städtischen Lebens

Städtische Führungsgremien

Städtische Autonomie äußerte sich in einem Übergang von einer Verwaltung, die durch einen Stadtherrn eingesetzt wurde, zu einem Leitungsgremium, das aus der Bürgerschaft hervorging. Wie sich dies im Laufe des Hochmittelalters allmählich herausbildete, ist oben beschrieben worden. Doch wie ordneten diese Stadtregierungen im Spätmittelalter typischerweise das Leben der Stadtbewohner?

Ein Rat übte an der Stelle des Stadtherrn Herrschaft aus, zog jedoch seine Berechtigung in der Regel ebenso aus dem Auftrag der Bürgergemeinde (*Quelle 16*). Je nach dem Grad der Autonomie, den die Stadt sich hatte ausbedingen können, wurde die eine oder andere Legitimation stärker in den Vordergrund gerückt. Ebenso spielten die innerstädtischen Kräfteverhältnisse hier hinein.

Um effektiv regieren zu können, war es notwendig, dass man eine kleinere Zahl von Amtsträgern mit den obersten Leitungsfunktionen betraute. In Nord- und Mittelitalien hatten sich die Städte im 13. Jahrhundert zwischenzeitlich Experten von außerhalb geholt (*Podestà*), bevor sich im Spätmittelalter zunehmend Alleinherrscher durchsetzten (*Signorie*). Nördlich der Alpen verlief die Entwicklung anders: Hier gingen in der Regel ein, zwei oder selten mehr Bürgermeister aus dem Rat selbst hervor, saßen diesem vor und vertraten die Stadt nach außen.

Die Räte in den mittelalterlichen Städten waren unterschiedlich groß, doch richtete man sich ursprünglich vielfach an der Zwölfzahl aus, einer Idealzahl. Sie erinnerte an die zwölf Apostel und ist auch schon für Geschworenengerichte und

Schöffenkollegien bezeugt. Im Laufe der Entwicklung der Verfassung einer Stadt konnte ein Rat um weitere Plätze für bislang nicht berücksichtigte Gruppen (z.B. Zunftvertreter) ergänzt werden, oder es konnten mehrere Räte nebeneinander eingerichtet werden. Mancherorts stellte man etwa bei wichtigen Entscheidungen einem ›Kleinen Rat‹ einen ›Großen Rat‹ an die Seite (*Quelle 16*). Hatte es zwischen unterschiedlichen Gruppen einen Streit um die Vormacht in der Stadt gegeben, konnte sich der Kompromiss in einem komplizierten System von Gremien niederschlagen.

Überall jedoch stand der Zugang zu Ämtern nur einer kleinen Gruppe innerhalb der Bürgerschaft offen. Zwar war einmal das Ideal jährlicher Wahlen durch die Bürgergemeinden verbreitet gewesen, doch setzten sich tatsächlich vielfach Verfahren durch, die auf eine lebenslange Mitgliedschaft oder eine Rotation der immer selben Amtsträger hinausliefen. So konnte ein bestehendes Gremium neue Mitglieder hinzuwählen, oder aber die Amtsinhaber bestimmten vor ihrem Ausscheiden ihre Nachfolger. Ein ›Alter Rat‹ konnte mit beratenden Aufgaben betraut werden, während ein ›Neuer Rat‹ die Geschäfte führte (*Quelle 20*).

Selbst wo es eine räumliche Einteilung in Wahlbezirke gab oder nach Berufsgruppen geordnet gewählt wurde, hat dies nur entfernt etwas mit den modernen Grundsätzen demokratischer Wahlen zu tun. Heute erscheint es selbstverständlich, dass die Stimme jedes Bürgers geheim abgegeben wird und gleich viel zählt, aber im Mittelalter galt dies nirgends. Ohnedies kam für ein Ratsamt nur in Frage, wer einer der führenden Familien angehörte. Von den Patriziern, also den einstmals vom Stadtherrn mit besonderen Aufgaben betrauten oder besonders vermögenden Ministerialen und Kaufleuten, war bereits die Rede. Hinzu gesellten sich Angehörige führender Handwerkerfamilien – wenn auch nicht überall und vielfach erst nach den oben beschriebenen Konflikten. Doch selbst die Zunftführer gehörten einer Geldelite an, denn die Tätigkeit in städtischen Führungsgremien war ehrenamtlich (*Quelle 20*). Um abkömmlich zu sein, musste ein Amtsträger die notwendigen Mittel mitbringen, einen repräsentativen Lebensstil zu führen. Dies schränkte den Kreis der möglichen Kandidaten stark ein, zumal man Bestechlichkeit hart ahndete. Gar nicht so selten sind Berichte, dass ein früherer Bürgermeister am Galgen oder auf dem Rad endete.

Aufgaben der Stadtregierung

Selbst wenn die Begriffe ›Bürgermeister‹ und ›Stadtrat‹ heute noch Verwendung finden, so unterscheiden sich doch die Aufgaben, welche städtischen Führungsgremien im Spätmittelalter oblagen, deutlich von denen der Gegenwart. Eine Gewaltenteilung gab es nicht. Ein Rat konnte Regierung, Gesetzgeber und Gericht gleichzeitig sein und zudem die Vertretung der städtischen Interessen nach außen übernehmen.

Welche Befugnisse einem Rat jeweils zukamen, hing abermals vom Grad der Autonomie ab, den eine Stadt erlangt hatte. Manche Rechte konnte ein Rat vom Stadtherrn oder von Stadtvögten übernommen haben. Andere beanspruchte er aus eigenem Antrieb. Überhaupt zählte das Weisungsrecht, also die Möglichkeit, selbst Regelungen treffen zu können, zu den wichtigsten Kompetenzen eines städtischen Rats. Im Laufe der Zeit strebten die Räte danach, diese Kompetenz auf immer weitere Sachfragen anwenden zu können. An der Wende zur Neuzeit entwickelten sich viele Räte zur Obrigkeit.

Typischerweise erfüllte eine Stadtregierung ein ganzes Spektrum von Aufgaben:

- Zuallererst oblag einem Rat die Wahrung des Friedens. Zwar gelang es den Städten nicht überall, die gesamte Gerichtsbarkeit an sich zu bringen, doch über eine gewisse Polizei- und Richtgewalt verfügten sie fast überall. Wo sie die Macht hatten, die Todesstrafe auszusprechen, wurde dies mit allem Stolz betont. Dies bezeugen die vielfachen Eintragungen in Chroniken und die wiederkehrende Darstellung von Gerichtsstätten auf Stadtansichten.
- Eine wichtige Aufgabe war, die Verteidigung der Stadt zu organisieren. Es musste festgelegt werden, welche Gruppe welchen Abschnitt der Mauern zu sichern hatte, zudem wurden Waffen im städtischen Arsenal vorgehalten, über das der Rat die Aufsicht hatte.
- Städte hatten die Möglichkeiten, Steuern zu erheben. Zum einen nutzten sie die Möglichkeit, direkt das Vermögen der Bürger zu besteuern, was insbesondere in Krisenzeiten geschah. Zum anderen gab es indirekte Steuern, also Verbrauchs- und Verkehrsteuern auf Güter und Handel.
- Stadträte erließen Regelungen zu Handel und Warenproduktion. Verbreitet waren Qualitätsvorschriften. Dies betraf einerseits für die Ernährung der Bevölkerung wichtige Güter wie Fleisch, Brot, Bier oder Wein, andererseits zentrale Exportgüter wie Tuche, deren Güte gewährleistet werden musste.
- Der Stadtrat hatte die Verantwortung für die städtischen Einrichtungen inne. Ob Hospitäler, Schulen oder Fürsorgeeinrichtungen – Gebäude waren bereitzustellen, der Unterhalt der Einrichtungen zu gewährleisten und diese mit Personal zu versorgen.
- Immer stärker griffen Führungsgremien in die Regelung der Lebensführung der Bewohner ein, ein Trend, der sich in der Frühen Neuzeit noch verstärken sollte. Stadträte erließen Kleiderordnungen, verboten übermäßigen Luxus, be-

schränkten den Aufwand bei Familienfesten, verboten das Glücksspiel, erließen nächtliche Ausgangssperren, untersagten das Tanzen und vieles mehr – bis hin zu Vorschriften, die das Sexualverhalten der Bewohner regelten. Stärker als heute versuchte man das Alltagsleben der Menschen zu steuern (*Quelle 12*).

Obwohl es für die Stadträte eine Fülle von Möglichkeiten gab, das Leben der Einwohner zu reglementieren, war hier nicht der absolute Staat der Frühen Neuzeit vorweggenommen. Nicht zuletzt der Umstand, dass Amtsträger regelmäßig über ihre Amtsführung Rechenschaft ablegen mussten, begrenzte die Willkür der Regierenden.

Die Rolle von Genossenschaften

Das Leben der Menschen in der Stadt wurde nicht allein dadurch geregelt, dass der Stadtherr oder ein Stadtrat über alle anderen bestimmte. Um Aufgaben gemeinschaftlich zu bewältigen, griffen die Bürger vielfach auch auf genossenschaftliche Formen der Organisation zurück. Die Bildung von Kommunen im Hochmittelalter zeigt, wie sich Stadtgemeinden bereits in ihrer Frühzeit als ganze zu Eidgemeinschaften zusammenfanden. In derselben Weise griffen Interessengruppen innerhalb der Stadt auf genossenschaftliche Bindungen zurück. Eidesleistende versprachen sich dabei gegenseitig für die Zukunft Unterstützung für bestimmte Aufgaben. So entstanden Gemeinschaften, die sich eigene Regeln setzten, deren Übertretung geahndet wurde. Gleichzeitig boten sie solidarische Unterstützung im Alter, im Todesfall, bei Krankheit oder anderen Formen von Schutzbedürftigkeit. Die gegenseitigen Verpflichtungen, die so entstanden, wurden auch als Zeugnis des Glaubens verstanden. So wie der Eid selbst vor Gott geleistet wurde, begründeten die Genossen eine Gemeinschaft in der Glaubensausübung, was sich etwa in gemeinsamem Totengedenken ausdrücken konnte.

Genossenschaften konnten unterschiedlichen Aufgaben dienen und das Leben der Menschen unterschiedlich stark regeln. Sie prägten insbesondere das Wirtschaftsleben, wie an Gilden und Zünften noch zu zeigen sein wird (s. u. S. 110–112). Doch auch vornehmlich nicht wirtschaftlich ausgerichtete Vereinigungen folgten dem Muster. Zu nennen sind etwa die Schützenbruderschaften, in welchen sich die Bürger wehrtüchtig hielten, oder die zahlreichen Gebetsbruderschaften, in denen sich Kleriker und Bürger miteinander vereinten, um miteinander zu beten und Fürbitten für die Toten zu sprechen.

Formen städtischer Kommunikation

In Städten wurde so viel geschrieben wie sonst nur in Klöstern oder anderen gelehrten kirchlichen Einrichtungen. Dennoch war die Schrift bei weitem nicht das alleinige Medium, mithilfe dessen sich die Menschen in der mittelalterlichen Stadt verständigten und ihr Leben ordneten. Im Gegenteil: Wo Sozialbeziehungen und Identitäten, Herrschaft und Machtansprüche öffentlich dargestellt werden sollten, überwogen nicht-schriftliche Formen der Kommunikation. Überall in den Städten fand man eine Fülle von Zeichen und Symbolen. Dies fing im kleinen an: Statt einer Hausnummer trugen die einzelnen Häuser klingende Namen, wovon heute noch Gasthaus- und Apothekenbezeichnungen zeugen (›Zum Pfauen‹, ›Zum Kamel‹, ›Dreikronenhaus‹, ›Löwenapotheke‹ usw.).

Religiöse Symbole zierten nicht nur geistliche, sondern ebenso weltliche Gebäude. Mit ihrer Hilfe konnten weltliche Ansprüche und Vorstellungen ausgedrückt werden. Viele Städte verehrten einen Stadtheiligen. Bei den alten Bistumsstädten lag es nahe, hier solche Heilige in den Mittelpunkt zu rücken, die in einer engen Verbindung mit der Gründung des Bistums standen – von der Darstellung des Apostels Petrus und des legendären Gründungsbischofs Eucharius auf dem ältesten Siegel der Stadt Trier war bereits die Rede. In einem solchen Fall teilte man die spezifische Heiligenverehrung mit dem Stadtherrn. Doch ging es auch anders: In Naumburg bildete sich am Ausgang des Mittelalters eine bürgerliche Verehrung des heiligen Wenzel aus, die als städtische Alternative zur bistumstypischen Verehrung der Apostel Petrus und Paulus gedeutet werden kann. Sankt Wenzel war die Marktkirche geweiht, eine Figur dieses Heiligen wurde im Rathaus aufgestellt, seine Darstellung zierte im 15. Jahrhundert das städtische Siegel. In ähnlicher Weise kam das städtische Selbstbewusstsein in Köln in der Verehrung der Heiligen Drei Könige zum Ausdruck, unter deren Banner die Bürger gar in die Schlacht zogen.

Weitere Motive konnten in Anspruch genommen werden, um die eigenständige Stellung des städtischen Gemeinwesens herauszustreichen. Vielfach bedurfte es nicht einmal eines religiösen Bezugs: Bei der Verwendung weltlicher Symbolik bediente man sich gerne historischer Motive, denn was einen Wert haben sollte, musste eine Geschichte besitzen. Städte legten sich heute kaum nachzuvollziehende Ursprungssagen zurecht: In Trier etwa führte man die Gründung der Stadt auf einen alttestamentlichen Assyrerkönig Ninus zurück; Magdeburg und Lüneburg stellten Cäsar an den Beginn ihrer Geschichte. ›Rolande‹, also figürliche Darstellungen des mythischen Kampfgefährten Karls des Großen, gab es in zahlreichen norddeutschen Städten. Rolandsfiguren standen für die Freiheiten, die Karl den Sachsen angeblich zugesichert hatte. In ihrem Schatten wurde Recht gesprochen.

Bildliche Darstellungen waren vor allem an öffentlichen Einrichtungen allgegenwärtig – sei es am Rathaus, sei es am städtischen Brunnen, sei es an den Toren der Stadt. Fügen sich einzelne Bilder zu einem Ensemble zusammen, spricht man von Bildprogrammen. Ein in den Städten verbreitetes Programm war das der Neun Guten Helden: Hektor, Alexander und Cäsar aus der griechisch-römischen Antike, Judas Makkabäus, David und Josua aus dem Alten Testament, Artus, Karl der Große und Gottfried von Bouillon als ideale christliche Ritter.

Eine Verständigung erfolgte überdies mithilfe von Ritualen und Zeremonien; denn allgemein war es im Mittelalter wichtig, Beziehungen zwischen den Menschen immer wieder neu und demonstrativ in Szene zu setzen. Im Rat, in Zünften wie in Genossenschaften überhaupt traf man sich zum gemeinsamen festlichen Mahl. Mehrmals im Jahresverlauf brachten Prozessionen die Menschen zusammen. Durch die Reihenfolge der Beteiligten wurde jedem vor Augen geführt, welcher Rang dem Einzelnen zukam, und doch konnten sich alle als Teile der Gemeinschaft fühlen. Genau geregelt war ferner, wie die Neubesetzung städtischer Führungsämter zu begehen war. Eine Ratswahl etwa war ein hochformalisiertes Ereignis, das allen Bürgern zeigen sollte, dass der Rat einen Leitungsauftrag hatte und die Bürgerschaft ihm Gehorsam schenken musste, dass er aber trotzdem seine Berechtigung aus dem Auftrag der Gemeinde erfuhr. Dementsprechend wichtig waren die feierlichen gegenseitigen Eidesleistungen von Ratsherren und Stadtvolk. Weitere Möglichkeiten, städtische Wert- und Ordnungsvorstellungen rituell vorzuführen, gab es zuhauf: durch Sitzen im Ratsgestühl, die Befugnis, die Glocken läuten zu lassen, die Wahl bestimmter Tage für Amtshandlungen usw.

Gerade Reichsstädten musste es angesichts ihrer vielfach gefährdeten Selbständigkeit daran gelegen sein, ihre Zugehörigkeit zum Reich symbolisch zu demonstrieren. Allenthalben sah man hier auf das Reich bezogene Figuren- oder Bildprogramme. In Nürnberg bestaunen Besucher seit über 500 Jahren das ›Männleinlaufen‹ an der Marienkirche, ein Glockenspiel, bei dem Figuren der sieben Kurfürsten jeden Mittag die Figur des Kaisers umlaufen und sich dabei vor ihm verneigen. Wie Nürnberg führen bis heute zahlreiche Städte wie Aachen oder Dortmund den Reichsadler im Wappen. (Und nicht umsonst wählen die Fußballmannschaften von Alemannia Aachen und Borussia Dortmund entsprechende schwarz-gelbe Trikots.)

So verlockend war es, eine Reichsunmittelbarkeit zu beanspruchen, dass man mancherorts daranging, sich eine lange zurückreichende Freiheitsgeschichte zu erdichten. Es gab ja kaum Möglichkeiten, den Wahrheitsgehalt einer historischen Aussage zu prüfen. In Köln behauptete Gottfried Hagen in seiner 1270/71 entstandenen Reimchronik, die Stadt am Rhein habe ihre Freiheiten noch zu Lebzeiten des Apostels Petrus für ihre Bereitwilligkeit erhalten, das Christentum anzunehmen. Damals schon sei ihr auch das Recht zur Wahl eigener städtischer Gremien zugebilligt worden – immerhin 1100 Jahre, bevor dies tatsächlich eintrat.

In Bremen wollte man um 1400 seine Vorrechte auf Karl den Großen zurückgehen sehen, womit Bistum und Stadt gleichen Alters gewesen wären. Die entsprechende Nachricht wurde in die städtische Geschichtsschreibung eingefügt. Parallel dazu ließ die Stadtregierung Urkunden fälschen, welche die Zugeständnisse beweisen sollten. Zuletzt stellte man an zentraler Stelle auf dem Marktplatz demonstrativ eine Rolandsfigur auf, wo sie heute noch steht. Der dargestellte Held trägt einen Schild mit dem Reichsadler und einer unzweideutigen Umschrift: »Freiheit verkünde ich Euch offenbar, / die Karl und mancher Fürst fürwahr / dieser Stadt gegeben hat, / dankt dafür Gott, das ist mein Rat« (s. Abb. S. 86).

Bremer Roland, Statue von 1404

2 Stadt und Kirche

Die christliche Stadt

Die Stadt besetzte einen festen Platz innerhalb der religiösen Vorstellungswelt des mittelalterlichen Christentums. Diesen sicherte ihr allein schon ihre Rolle in den Jenseitsvorstellungen: In der Offenbarung des Johannes erscheint das himmlische Jerusalem, d. h. die Versinnbildlichung des paradiesischen Endzustands, als hoch ummauerte, quadratische Stadt, drei Tore an jeder Seite, strahlend im gleißenden Licht und besetzt mit Gold und Edelsteinen. Auch im Diesseits waren Stadt und Religion eng miteinander verknüpft. Oben ist schon deutlich geworden, wie wichtig die Kirche mit Blick auf die Rolle von Bischöfen und Äbten bei der Entstehung der Städte gewesen war.

Schon im 11. Jahrhundert wollten einige geistliche Herren Glaubenssymbolik in der Struktur der Stadtanlage sichtbar machen. Kathedrale, Stifte und Klöster wurden so im Gelände positioniert, dass sie zusammen ein Kreuz bildeten. Die Stadt wurde hierdurch zum religiösen Raum. Für Fulda und Bamberg geben uns zeitgenössische Viten konkrete Hinweise, dass diese Überlegung bei der Anlage der Städte Pate stand. Für andere Städte legt eine nachweisbare Kreuzanordnung nahe, dass der städtische Raum bewusst gestaltet wurde. Theologisch interpretierbar ist ebenso die Situation in Konstanz: Hier sind die noch vor die Jahrtausendwende zu datierenden Kirchen ebenjenen Heiligen geweiht, denen auch die fünf stadtrömischen Hauptkirchen geweiht sind, sodass die Stadt am Bodensee wie eine Miniaturausgabe der Ewigen Stadt Rom wirken konnte.

Kirchen und ihre Türme prägten das Stadtbild (s. Abb. S. 100, 102). Kirchen dienten Bürgern als Archive, Schatzkammern und Versammlungsorte. Sie boten den Toten eine Ruhestätte und den Ort, an dem ihrer gedacht, für ihr Seelenheil gebetet wurde. Kleriker in der Stadt kümmerten sich um die seelsorgerische Betreuung der Bürger, sie bildeten den städtischen Nachwuchs aus und unterstützten die Stadtverwaltung mit ihren Kenntnissen. Bürgersöhne und -töchter fanden Aufnahme in geistlichen Institutionen, als Pfarrer, Vikare, Mönche und Nonnen. Städtische Obrigkeiten versahen ihre Ämter unter der Aufsicht Gottes. In Goslar, Überlingen und weiteren Städten mahnte die Darstellung eines Jüngsten Gerichts die Amtsträger angesichts einer höheren Gerichtsbarkeit zu angemessenem Handeln auf Erden. Etliche Rathäuser verfügten über Kapellen oder Altäre. Ratsherren reihten sich in Prozessionen ein. Bürger vereinigten sich zu Gebetsbruderschaften, gingen auf Pilgerreise, stifteten Messen oder Altäre und spendeten für die Ausstattung der Kirchen. Wenn sich Stadtbürger untereinander eidlich verbanden, nahmen sie die Zeugenschaft Gottes in Anspruch.

Die Seelsorge der gesamten (christlichen) Einwohnerschaft einer Stadt musste gesichert werden; es galt zu taufen, zu verheiraten, die Messe zu feiern, die Beichte abzunehmen, zu begraben und vieles mehr. Stieg die Bevölkerung eines Ortes rasant an, genügte die ursprüngliche Einteilung des Landes in Kirchspiele [= Gemeindebezirke] nicht mehr. In Ulm etwa musste die Bevölkerung lange die außerhalb »ennet feld« gelegene Marienkirche aufsuchen, erst 1377 begann der Bau am neuen Münster innerhalb der Stadt. Einer steigenden Einwohnerzahl konnte auch dadurch Rechnung getragen werden, dass innerhalb einer Stadt neue Pfarreien eingerichtet wurden. So gab es am alten Bischofssitz Münster seit dem Ausgang des 12. Jahrhunderts sechs Pfarreien für die Bürgerstadt sowie eine für die Domfreiheit, mit denen fürderhin eine Stadtbevölkerung von etwa 10 000 Einwohnern sowie einige umliegende Dörfer versorgt werden mussten. Das jüngere Nürnberg hingegen mit einer gut doppelt so großen Bevölkerung musste sich im Spätmittelalter mit zwei Pfarrkirchen begnügen.

Der wichtigen Rolle von Religion und Kirche gemäß herrschte im Normalfall ein gutes Einvernehmen zwischen Geistlichkeit und Stadtbürgerschaft. Eintracht und Frieden in Gott galten als oberstes Gebot. Kritik an den Verfehlungen einzelner Amtsträger oder Klerikergruppen und am unangemessenen Eingreifen in das, was als Sphäre des Weltlichen verstanden wurde, war dennoch möglich. Wo sich diese Kritik allerdings gegen grundsätzliche kirchliche Ansprüche richtete, wurde sie seitens der Kirche unterdrückt und verfolgt. Verheerend für Städte war, wenn bei Streitigkeiten auf die Mittel der Exkommunikation oder des Interdikts zurückgriffen wurde, um Eigentums- oder Herrschaftsansprüche durchzusetzen: »Oh welch schnöde böse Hunde sind das, die bewirken, dass man die ganzen Kirchen zuschließt und alle Gottesdienste verhindert, dass die Pfaffen mit den Laien gebannt werden und die Kirchen verwüstet!« klagte der Braunschweiger Hermann Bote folglich in seinem nach 1510 entstandenen *Schichtbuch*.

Geistliche in der Stadt – Bürger als Geistliche

Schätzungsweise jeder fünfte bis zehnte Stadtbewohner war im ausgehenden Mittelalter Geistlicher. Allerdings war nicht nur der Anteil der Geistlichen an der Stadtbevölkerung hoch, sondern auch der Anteil von Stadtbürgern an der städtischen Geistlichkeit. Dabei gab es feine Unterschiede: Die gesellschaftliche Gliederung im weltlichen Bereich spiegelte sich in der Beschränkung des Zugangs zu geistlichen Ämtern wider. Bürger konnten es weit bringen, doch bis an die Spitze der Hierarchie schafften sie es kaum. Dementsprechend standen einige der Geistlichen in der Stadt der Stadtgemeinde näher als andere.

Bischof zu werden war fast ausschließlich dem hohen Adel vorbehalten, der ein Interesse daran haben musste, das machtvolle und einkünftereiche Amt in seinen Händen zu wissen. Nur wenige Nichtadlige konnten hier eindringen: Als Sohn eines Moselschiffers stellt der Kardinal und Fürstbischof von Brixen, Nikolaus von Kues, im 15. Jahrhundert eine markante Ausnahme dar, die zeigt, dass Nichtadligen allenfalls außergewöhnliche Gelehrsamkeit zu einer solchen Würde verhelfen konnte. Zahlreiche Kathedralstädte stemmten sich Versuchen adliger Bischöfe entgegen, den Einfluss ihrer Familien auf Kosten der Städte zu vergrößern. Insgesamt zeigt sich im Spätmittelalter eine Tendenz, den Bischof aus der Stadt zu verdrängen und ihn dazu zu zwingen, anderswo in seiner Diözese zu residieren.

Ähnlich bürgerfern waren die Domkapitel, die von ihren Mitgliedern fast überall den Adelsnachweis verlangten. Die Besetzung von Domkanonikaten wurde zum steten Zankapfel zwischen dem landsässigen Adel und städtischen Führungsgruppen. Regelmäßig wurden Ansprüche städtischer Patriziergeschlechter auf Ebenbürtigkeit zurückgewiesen. Bessere Chancen hatten Patrizierfamilien, ihren Nachwuchs in Kollegiatstiften unterzubringen, die den Domkapiteln im Rang nur wenig nachstanden. So wie an der Bistumskirche selbst ein Kapitel mit der Liturgie im Dom betraut war und den Bischof bei der Leitung des Bistums unterstützte, konnte an einer gut ausgestatteten Kirche ein Kollegiatstift eingerichtet werden, dessen Mitglieder für Messen und Gesang sorgten und ebenfalls leitende Aufgaben in der Verwaltung übernahmen. Von einem Kloster unterschied sich ein solches Stift dadurch, dass die Kanoniker bzw. Chorherren Weltgeistliche blieben und damit weniger in ihrer Lebensführung eingeschränkt waren.

Schon in der Zeit vor dem Aufstieg der Städte war ein Kollegiatstift eine geeignete Einrichtung gewesen, einen Ort besonders auszuzeichnen. Bereits im 9. Jahrhundert begründete Lothar II., Urenkel Karls des Großen, an der Aachener Pfalzkapelle ein Marienstift. Parallel zu den Einrichtungen für Männer gab es für Frauen bedeutende Kanonissenstifte wie in Essen, Herford oder Quedlinburg, die ihrerseits allerdings mehr oder minder dem Adel vorbehalten blieben. Ob Kanoniker oder Kanonissen: ein Stift konnte älter sein als die Stadt selbst und seinen Teil zur Stadtwerdung beigetragen haben. Je altehrwürdiger die Einrichtung war, desto schwieriger war es für Stadtbürger, zugelassen zu werden. Die reichhaltige Ausstattung mit Pfründen, also mit regelmäßigen Einnahmen in Form von Naturalabgaben oder Geldzahlungen, weckte Begehrlichkeiten. Entschärft wurde die Situation, wenn ein Ort mit mehreren Kollegiatstiften aufwarten konnte, was insbesondere in Kathedralstädten der Fall war. Hier eröffnete sich vor allem städtischen Führungsgruppen der Zugang zu Chorherrenstellen. Gut lässt sich das anhand von Würzburg aufzeigen: War das dortige Domkapitel allein dem Adel vorbehalten, standen die beiden Kollegiatstifte Haug und Neumünster dem niederen Adel wie dem städtischen Patriziat offen.

In Städten lebten überdies Mönche und Nonnen, die einer Ordensregel unterworfen waren. Einige alte Benediktinerkonvente wie Fulda, Hersfeld oder Ellwangen hatten die Ausbildung von Städten um ihr Kloster herum befördert und traten selbst als Stadtherren auf. Ebenso gab es eine Reihe von Benediktinerklöstern, die räumlich und personell eng mit einem Bischofssitz verflochten waren, so z.B. St. Michael in Hildesheim, St. Michael in Bamberg oder die Erzabtei St. Peter in Salzburg, das älteste noch bestehende Kloster Mitteleuropas.

Im 13. Jahrhundert traten die ausgesprochen stadtnahen vier großen Bettelorden hinzu. Ihre Ordensbrüder und -schwestern entstammten regelmäßig dem Bürgertum. Auch die Ritterorden, die Johanniter, der Deutsche Orden und bis zu seiner Auflösung 1312 der Templerorden hatten Niederlassungen in den Städten. Zu erwähnen sind schließlich Gruppen von Laien, die im Spätmittelalter auf Zeit ein ordensähnliches Leben in festen Hausgemeinschaften führten. Vielfach der Ketzerei verdächtigt und in einigen Regionen von der Inquisition grausam verfolgt, sind am bekanntesten unter ihnen die Gemeinschaften der (weiblichen) ›Beginen‹ und (männlichen) ›Begarden‹. Größere Akzeptanz fanden die in den Niederlanden und in Nordwestdeutschland verbreiteten ›Brüder vom gemeinsamen Leben‹.

Große Bedeutung kam angesichts ihrer zentralen Rolle für die Seelsorge der Menschen den Pfarrstellen zu, die meist ebenfalls von Bürgersöhnen besetzt wurden. Pfarrer gehörten zur Gruppe der Weltgeistlichen, die kein Ordensgelübde ablegte. Zu diesen rechnen auch die vielen Rektoren, Altaristen oder Vikare, die keine herausgehobene Stellung hatten, sondern eher als klerikales Fußvolk wirkten. Sie lebten von der Betreuung unselbständiger Kapellen, vom Feiern der unzähligen ›ewigen Messen‹, welche um ihr Seelenheil besorgte Stadtbewohner gestiftet hatten, oder vertraten gegen ein geringes Einkommen Chorherren, die so vom Großteil ihrer eigentlichen Aufgaben entlastet wurden.

Im Gesamtblick wird deutlich, wie präsent die Geistlichkeit in den Städten war. In Köln mit seinen im Spätmittelalter etwa 40 000 Einwohnern kam man auf über hundert geistliche Einrichtungen, davon alleine elf Stifte einschließlich des Domstifts, zwanzig Ordensklöster und neunzehn Pfarreien. Ein Dutzend Einrichtungen zählte zeitgleich das westfälische Soest, darunter sechs Pfarreien. Man ginge allerdings fehl, dies alles nur unter den Vorzeichen eines Wunsches nach einer wirtschaftlichen Versorgung von Stadtkindern zu begreifen, so wichtig dieser Aspekt gewesen sein mag. Vielmehr spricht die Vielfalt der Einrichtungen von der religiösen Durchdringung der Städte und dem starken Wunsch, gottgefällig zu wirken.

Die Rolle der Bettelorden

Kloster und Stadt hätten nicht zusammenkommen dürfen, wäre die Idee des Mönchtums unverändert aus der Antike übernommen worden: Mönche sollten abgeschieden von der Welt allen irdischen Gelüsten entsagen, asketisch leben, sich nur Gebet und Gesang widmen und so nach religiöser Vervollkommnung streben. Klöster gehörten in die Einsamkeit, wie es im Frühen Mittelalter die Regel gewesen war. Doch die Dinge konnten sich ändern: Eine Stadt konnte sich später um ein einstmals einsames Kloster legen (Fulda, Corvey-Höxter). Und manchmal war die Nähe zu einer Siedlung sogar von Beginn an beabsichtigt: So wurden einige Benediktinerklöster in einer frühen Phase in unmittelbarer Nähe zu einem Bistumssitz gegründet (z.B. St. Michael in Hildesheim, Kloster Abdinghof in Paderborn).

Erst die Bettelorden brachen mit diesem Konzept der Abgeschiedenheit und wandten sich gezielt der Welt und den Menschen zu, und zwar insbesondere jenen in den Städten. Sie waren zu Beginn des 13. Jahrhunderts aus einem Reformgeist heraus entstanden. Bereits am Ende des 12. Jahrhunderts fühlten sich zahlreiche Laien von der Geistlichkeit abgestoßen. Deren oft verschwenderische Lebensführung widersprach ihrem Empfinden nach dem neutestamentlichen Armutsideal. So entstanden vielerorts Erweckungsbewegungen. Gruppen wie die Katharer und Waldenser fühlten sich berufen, viele Menschen anzusprechen und in den Volkssprachen zu predigen. Dies forderte die Kirche heraus, die die Predigt als ihr Vorrecht begriff und ihre Autorität bedroht sah. Zunächst hatte sie alle diese Gruppen als Ketzer gebrandmarkt und verfolgt, bis sie zu Beginn des 13. Jahrhunderts ihre Politik änderte. Einige wenige romtreue Gruppen wurden als Orden akzeptiert und erhielten das Recht, ihrem Armuts- und Brüderlichkeitsideal zu folgen und zur Bevölkerung zu predigen.

Die beiden bedeutendsten unter den vier Bettelorden waren die Franziskaner und die Dominikaner, die 1210 bzw. 1216 ihre Anerkennung erreichten. Weniger verbreitet waren die Karmeliten und die Augustiner-Eremiten, die unter Innozenz IV. in der Mitte des 13. Jahrhunderts aus älteren Ansätzen zu Bettelorden umgeformt wurden.

In den Städten erfreuten sich die Bettelorden eines hohen Ansehens. Der heilige Franziskus war selbst Sohn eines italienischen Kaufmanns gewesen. Die Bereitschaft, in der Volkssprache zu predigen und sich um die Seelsorge zu kümmern, fand Anklang. Brachten sich Bettelmönche in Bruderschaften ein, bot dies die Gelegenheit zu gemeinsam praktizierter Frömmigkeit mit Kaufleuten und Handwerkern. Dass sie ihren Nachwuchs überwiegend in städtischen Milieus suchten, machte die Gemeinschaften zusätzlich attraktiv. Überhaupt waren die Bettelorden sehr eng mit der städtischen Lebenswelt verflochten. Gerne begrub man die Toten auf den Kirchhöfen ihrer Konvente. Ihre Kirchen waren bevorzugter Versammlungsort für städtische Gremien und boten im Konfliktfall einen neutralen Raum für Zusammenkünfte. Lag eine Stadt mit ihrem geistlichen Stadtherrn in Streit und drohte eine Kirchenstrafe, waren es als erstes die Bettelorden, die mit dem Verweis auf ihren besonderen Seelsorgeauftrag Gottesdienst- und Sakramentspendeverbote unterliefen.

Die Bettelmönche lebten mehr noch als von der eigenen Arbeit von Schenkungen und eben von Almosen. Der Verzicht auf Besitz, der zur Beliebtheit der Bettelorden beitrug, war für eine Gemeinschaft aber nur schwer aufrechtzuerhalten, wenn ein Kloster langfristig überleben sollte. Wünschten Städte bzw. einzelne Stadtbürger einen dauerhaften Bestand, stellten sie daher oft Grundstücke und Baumaterial zur Verfügung. Um eine Grundversorgung zu gewährleisten, wurden unterschiedliche Hilfskonstruktionen eingeführt, bei denen Mittler als Verwalter fester Einkünfte auftraten. Beauftragte der Rat einer Stadt Vermögensverwalter, boten sich Kontrollmöglichkeiten. Denn zu hohe Einkünfte untergruben immer wieder die Glaubwürdigkeit derjenigen, die sich so vehement auf die Armut beriefen. Gerade die Räte warfen ein Auge darauf, dass die Konvente die Ordensregeln befolgten.

Nach ihrer Gründung breiteten sich die Dominikaner und Franziskaner sehr schnell von Frankreich und Italien aus über Europa aus. Bereits 1217 ist ein Dominikanerkloster im zum Bistum Salzburg gehörenden Friesach bezeugt, der damals größten Stadt Kärntens. Im selben Jahr unternahmen die Franziskaner einen zunächst vergeblichen Versuch, nördlich der Alpen Fuß zu fassen; ein zweiter Ansatz gelang 1221. Beide Orden verfügten am Jahrhundertende allein in Mitteleuropa über mehrere Dutzend Niederlassungen. Da die Karmeliten und Augustiner-Eremiten erst zu einem Zeitpunkt entstanden, als die beiden älteren Orden bereits zahlreiche Niederlassungen im ganzen christlichen Europa unterhielten, mussten sie Nischen finden. Sie traten zunächst in kleineren Städten auf, wo bislang Bettelordenskonvente fehlten, bevor sie sich auch in den größeren engagierten. Um 1300 waren alle vier Orden großflächig verbreitet. Selbst unter den mittelgroßen Städten gab es kaum eine, die im ausgehenden Mittelalter nicht zumindest einen Konvent beherbergte. Hinzu kamen die Frauenklöster der Orden, die starken und zuweilen geistlich anspruchsvollen Zulauf hatten.

Widerstände gegen die Einrichtung von Bettelordensklöstern leisteten vor allem Weltgeistliche. Pfarrer stemmten sich gegen den Zuzug, denn ihnen erwuchs in den Bettelmönchen unliebsame Konkurrenz bei der Sorge um ihre Herde. Zudem drohten sie Einkünfte zu verlieren, denn freiwillige Zuwendungen erhielten nun eher die Bettelorden. Auch zwischen den Bettelorden selbst gab es Rivalitäten. Hatte sich ein Orden in einer Stadt festgesetzt, konnte er versuchen, den Zuzug eines weiteren zu verhindern. Tatsächlich sagt die Größe einer Stadt nur bedingt etwas über die Zahl der Bettelordensklöster innerhalb ihrer Mauern aus: Waren z.B. in Regensburg und Aachen am Ausgang des 13. Jahrhunderts alle vier großen Orden vertreten, beherbergte das gleich große Münster nur die Franziskaner.

Kirchliche Gerichtsbarkeit und kirchliche Immunität

Städtische Führungsgremien waren bestrebt, einen einheitlichen befriedeten Rechtsraum zu schaffen. Nicht vom persönlichen Rechtsstatus des Einzelnen, sondern vom Ort der Handlung sollte es abhängen, welche Regeln gelten sollten und welches Gericht zuständig war. Allerdings waren bestimmte Lebensbereiche hiervon ausgenommen und unterstanden direkt einer geistlichen Gerichtsbarkeit. Hier urteilten Kleriker nach kirchlichem Recht. Sie bewerteten Handlungen, die wir heute unbedingt von staatlichen Gerichten abgeurteilt, die wir allenfalls moralisch getadelt oder die wir überhaupt nicht mehr geahndet wissen wollen: Verlobung und Ehe, Testamente, Eideswahrung und Meineid, Wucher, Abweichung vom Glauben oder abweichendes Sexualverhalten. Wenn Verträge und Abmachungen eidlich bestärkt worden waren, konnte eine Auseinandersetzung, die eigentlich vor ein städtisches Gericht gehört hätte, auf diese Weise schnell Gegenstand eines geistlichen Gerichtsverfahrens werden. Ebenso konnte sich eine Partei beim Eintreiben von Schulden oder Geltendmachen von Ansprüchen einen Vorteil davon versprechen, galt das kirchliche Verfahren doch als effektiver. Man erhoffte sich besser geschulte Richter, ein stärker nach dem römischen Recht standardisiertes Verfahren und wirksame Zwangsmittel. Zugleich fürchtete man Korruption und die unnötige Härte der Strafen.

Obgleich Bürgerschaft und Geistlichkeit vielfach verschränkt und miteinander vernetzt waren, gab es juristische Barrieren zwischen beiden Gruppen, die sich auf das städtische Zusammenleben auswirkten. In Steuerbefreiung und eigenem Gerichtsstand verfügten Geistliche über einen rechtlichen Sonderstatus, der sie dem Zugriff der städtischen Gerichtsbarkeit weitgehend entzog. Die einschlägigen Bestimmungen entstammten dem allgemeinen Kirchenrecht und wurden vom römischen Papsttum massiv eingefordert. Papst Bonifatius VIII. verbot 1296 in der Bulle *Clericis laicos* allen Kirchenleuten, von sich aus auf ihre Privilegien zu verzichten, was allerdings von seinen Nachfolgern angesichts zahlreicher Proteste weltlicher Herrscher abgemildert werden musste.

Das Recht eines Klerikers, sich nur gegenüber einem geistlichen Richter verantworten zu müssen (*privilegium fori*), bezog sich auch auf das Strafrecht und auf zivile Angelegenheiten. Die Stadtregierungen sahen sich hier in ihrer Kompetenz beschnitten, ohne die Rechtslage grundsätzlich in Frage zu stellen. Manchmal gelang es, Privilegien zu erwirken, nach denen die Bürger einer Stadt nicht vor auswärtige geistliche Gerichte, sondern nur vor das eigene gezogen werden konnten. Gelegentlich kam es zudem zur Machtprobe, und Städte gingen für eine Weile das Risiko ein, mit einer Kirchenstrafe belegt zu werden.

Die Befreiung der Geistlichkeit von weltlichen Lasten (*privilegium immunitatis*) umfasste neben der Befreiung von Geldzahlungen und Abgaben ebenso die Befreiung von allen weiteren weltlichen Diensten und Ämtern (*Quelle 8*). Dies konnte für die Städte zu einem Problem werden, wenn durch Erbschaften oder Stiftungen Grundstücke in die Hand kirchlicher Einrichtungen gelangten. In diesem Fall drohte das Eigentum an die ›tote Hand‹ zu fallen, also der städtischen Besteuerungspflicht entzogen zu sein. Dies war keine Kleinigkeit, da kirchliche Einrichtungen in der Regel ohnedies gut mit Grundbesitz ausgestattet waren. Wuchs dieser weiter und weiter, konnte er im Spätmittelalter ein Viertel bis ein Drittel des gesamten städtischen Bodens ausmachen.

Die Geistlichkeit umfasste dabei weitaus mehr Personen als die Priester, welche die Sakramente spenden durften. Hinzu zählte, wer lediglich die niederen Weihen empfangen hatte, was einer Ehe nicht entgegenstand. Zusätzlich konnten alle im Haushalt Lebenden samt der Bediensteten den Sonderstatus für sich beanspruchen. Eine solche Sonderstellung führte zu zahlreichen Konflikten. Warum sollten so viele Geistliche die städtische Sicherheit genießen, am Wirtschaftsleben teilhaben dürfen und städtische Einrichtungen benutzen, ohne sich an den Lasten zu beteiligen? Folglich entzündeten sich immer wieder Streitigkeiten zwischen geistlichen Einrichtungen und den städtischen Führungsgremien an Versuchen, den geistlichen Anteil zu beschränken oder zumindest sein weiteres Ausgreifen zu verhindern. Mit mäßigem Erfolg bemühten sich die Räte, einzelnen Geistlichen oder geistlichen Einrichtungen Bürgerpflichten abzuverlangen, die Veräußerung von Liegenschaften an Geistliche zu verhindern oder die Wirtschaftstätigkeit der Geistlichkeit zu beschränken.

Gerade das steuerbefreite Wirtschaften musste der Stadtbürgerschaft ein Dorn im Auge sein. Bezeugt sind Ausschreitungen von städtischen Handwerkern gegen konkurrierende stadtklösterliche Kleinbetriebe. So notwendig es zudem war, die Bevölkerung mit Lebensmitteln zu versorgen, so konfliktträchtig konnte es sein, wenn geistliche Einrichtungen ihre auf dem Land erwirtschafteten Lebensmittel in der Stadt verkauften. Insbesondere die Klöster des technikkundigen Zisterzienserordens setzten ihre Agrarüberschüsse gerne über ihre eigenen Höfe in der Stadt ab. Der Getreideabsatz konnte beträchtliche Ausmaße erreichen, wie der Wiener Stadthof des Klosters Heiligenkreuz noch heute verdeutlicht. Und wenn Bettelorden nicht nur für den eigenen Bedarf Bier und Wein produzierten, sondern beides im großen Stil an die Stadtbevölkerung ausschenkten, musste ein Rat, zu dessen Haupteinnahme indirekte Steuern auf ebendiese Getränke gehörten, einschreiten.

Kirchenbauten in der Stadt

Im 19. Jahrhundert erfasste Europa eine Mittelalterbegeisterung. So manche Kirche, die heute romanisch oder gotisch anmutet, verdanken wir erst dieser Epoche. Zudem wurden viele Gotteshäuser vollendet, deren Fertigstellung die Möglichkeiten des Mittelalters überstiegen hatte. Nun erst griff man einige der größten, jedes Maß sprengenden Planungen neu auf, die in Ansätzen steckengeblieben waren. Betrachtet man beispielsweise alte Holzschnitte von Deutschlands berühmtestem Kirchenbau, dem Kölner Dom, dann prägte dieser zwar bereits im ausgehenden Mittelalter die Ansicht der Rheinstadt – allerdings nicht aufgrund seiner heute in den Himmel ragenden Doppeltürme, sondern als halbe Bauruine, mit einem vollendeten prächtigen Chor, einem notdürftig bedachten Langhausrohbau und dem Stumpf eines Südturmes, den für Jahrhunderte ein Baukran zierte (s. Abb. S. 100). Die Vollendung des Kölner Dombaus wurde erst in den 1840er Jahren wieder in Angriff genommen. Auch anderswo setzte der Weiterbau nicht vor dem 19. Jahrhundert ein. Das Ulmer Münster etwa

Darstellung Kölns in der Koelhoffschen Chronik von 1499. Rechts von der Bildmitte die Darstellung des in Bau befindlichen Doms (Südturmstumpf mit Kran und fertiggestellter Chor)

kann sich erst seit 1890 des weltweit höchsten Kirchturms rühmen.

Indessen entstammt eine beeindruckende Zahl kirchlicher Großbauten tatsächlich dem Mittelalter selbst. Solche Großbauten waren nicht zwangsläufig an Städte gebunden, wie die dritte Abteikirche von Cluny, zu ihrer Zeit das größte Gotteshaus der Christenheit, oder die Marienkirche in Marienhafe im praktisch städtelosen Ostfriesland zeigen. Doch in der Regel waren es Städte, denen die größten Kirchengebäude ihr typisches Gepräge gaben, und dies besonders dort, wo eine bedeutende geistliche Institution ihre Heimat hatte. Besonders prachtvoll und geräumig waren der herausragenden Stellung des Bischofsamts gemäß Kathedralkirchen gehalten. Bei einer Kathedrale denkt man zunächst an Bischof und Domkapitel als Bauherren, und tatsächlich setzten sich bedeutende Bischöfe aus eigenen Mitteln regelmäßig große Prachtbauten als Denkmal. Doch läutete der Aufstieg der Städte im 13. Jahrhundert in Mitteleuropa eine Phase ein, in der die Bürgerschaften von Bischofsstädten den Kathedralbau zu ihrer eigenen Angelegenheit machten. In Straßburg übernahmen die Bürger in den Jahren nach ihrem Sieg über den Bischof 1262 und der Bestätigung größerer Freiheitsrechte im Folgejahr faktisch die Verantwortung für die Münsterbauhütte. Seitdem finanzierten sie einen Großteil des Dombaus, entschieden über die Baugestalt und identifizierten sich zunehmend mit dem Baufortschritt. Der Bürgerschaft ist letztlich die Errichtung des zweithöchsten, tatsächlich noch im Mittelalter errichteten Kirchturms zu verdanken (142 m). Weitere Domstädte wie Bremen, Lübeck oder Köln konnten zumindest eine Beteiligung an der Verwaltung des Dombaus erwirken. Was gab es Ruhmreicheres für einen Bürger, als sein Familienwappen auf einem Glasfenster der ehrwürdigsten Kirche des eigenen Bistums erscheinen zu sehen?

Fast ebenso prächtig wie eine Kathedrale konnte eine Stiftskirche ausgestaltet sein. Zu denken ist etwa an das Stift St. Simeon und Juda in Goslar, dessen 1051 geweihte und 1819 zum Abbruch freigegebene Stiftskirche lange das größte rechtsrheinische Gebäude darstellte. In Soest, Wetzlar und Fritzlar nennt man die Großbauten der jeweiligen Stiftskirche bis heute ›Dom‹, obwohl es sich nicht um Bischofskirchen handelt. In ähnlicher Weise stechen die großen Kirchen der bedeutendsten Benediktinerklöster hervor. Die im 8. und 9. Jahrhundert errichtete Ratger-Basilika in Fulda, in der die Gebeine des heiligen Bonifatius verehrt wurden, konnte sich ebenfalls einer zu ihrer Bauzeit unvergleichlichen Größe nördlich der Alpen rühmen, und dies lange bevor der Ort selbst städtischen Charakter gewann.

In der Regel identifizierten sich die Bürger einer Stadt aber vor allem mit ihren Pfarrkirchen. Wie ausgeprägt diese Identifikation war, hing einerseits von der Zahl der Pfarreien ab. Andererseits war von Bedeutung, ob die Bürgerschaft oder die städtischen Führungsgremien mit einer Kirche besonders verbunden waren. Zumeist gab es dann eine Hauptpfarrkirche,

Darstellung Lübecks in der Schedelschen Weltchronik von 1493. In der Mitte die Katharinenkirche, ganz links der Dom

die dementsprechend großzügig ausgestaltet wurde wie die St.-Petri-Kirche, Soests ›Alde Kerke‹, die ein noch in das 12. Jahrhundert gehörendes Beispiel prachtvollen städtischen Bauens bietet. Ebenso beeindruckt die Marienkirche in Lübeck bis heute den Betrachter: Im 13. und 14. Jahrhundert im Stil der französischen Gotik aus Backstein erbaut, überragen ihre Doppeltürme den dortigen Dom um einiges. Viele nachfolgende Kirchenbauten im Ostseeraum nahmen Bezug auf ihr Vorbild (s. o. Abb.).

Wurde eine neue Pfarrei eingerichtet, konnte eine neue Kirche erbaut oder eine bestehende Kapelle im Rang erhöht werden. War die Bevölkerung stark gewachsen, die Zahl der Pfarren aber eingeschränkt geblieben, konnten deren Kirchenbauten ein viel größeres wirtschaftliches Potential auf sich vereinen. Sehr aufwendig wurden die Bauten von St. Sebald und St. Lorenz, den beiden einzigen Pfarrkirchen der spätmittelalterlichen Großstadt Nürnberg, ausgeführt. In Ulm erklären sich die Ausmaße des (selbst ohne den erst 1885–1890 fertiggestellten Turm) gewaltigen Münsters aus dem Bedürfnis, die Pfarre in die Stadt zu verlegen und nun endlich einen Bau errichten zu können, der dem Rang der aufstrebenden Reichsstadt entsprach. Hier wies man mit Stolz darauf hin, wozu eine Bevölkerung von 10 000 Menschen fähig war.

Trotz ihrer großen Bedeutung für die Städte fielen die Kirchen der Bettelorden oft bescheidener und deutlich funktionaler aus. Sie konnten zwar ebenfalls eine beachtliche Größe erreichen, da sie als Predigtkirchen vielen Gläubigen Platz bieten mussten. Doch gaben sie sich in ihrer Ausstattung demonstrativ bescheiden. Die Franziskaner verboten im 13. Jahrhundert ihren Ordensniederlassungen ausdrücklich, Türme zu bauen und Decken einzuwölben. Zumeist errichteten die Bettelorden ihre Kirchen in einer städtischen Randlage (s. Abb. S. 51 unten), in manchen Landstrichen gar direkt an der Stadtmauer, die sie im Einzelfall mit ihren Wänden verstärken konnten.

Bevölkerungsreiche Städte verfügten also über zahlreiche Kirchen, von denen die bedeutendsten in eine Konkurrenz um Pracht und Größe eintreten konnten. Dies galt zumal dann, wenn unterschiedliche Träger für den Kirchenbau verantwortlich zeichneten. Bürgerliches Selbstverständnis äußerte sich nicht nur an städtischen Zweckbauten wie dem Rathaus, sondern ebenso im Engagement für kirchliche Bauten. Wie auch immer die Situation in den einzelnen Städten sich entwickelte – insgesamt fügten sich Kathedral-, Stifts-, Kloster- und Pfarrkirchen sowie Kapellen zu einem Gesamtbild zusammen, das die Städte wiedererkennbar machte. Die Türme der Kirchen Lübecks prägen beispielsweise bis heute die Stadtsilhouette (s. Abb. S. 102).

3 Stadt und Wirtschaft

Der Markt als Mittelpunkt städtischen Wirtschaftens

Die große Bedeutung, welche den Märkten in der Frühzeit bei der Entstehung mittelalterlicher Städte zugekommen war, setzte sich in den nachfolgenden Jahrhunderten fort. Märkte blieben der Mittelpunkt städtischen Wirtschaftens. Hier konzentrierte sich der Handel, hier pulsierte das städtische Leben. »Auf dem Markt lernt man die Leute am besten kennen«, ging ein mittelalterliches Sprichwort, das zugleich das Risiko erahnen lässt, das jeder Form von auf Vertrauen basierendem Handel innewohnt.

In vielen Orten bildete ein großer Marktplatz das geographische Zentrum der ummauerten Stadt. Anderswo begünstigte die wirtschaftliche Entwicklung eine Aufteilung des Handels auf verschiedene über die Stadt verteilte Fachmärkte. Einzelne Plätze oder Straßen wurden für bestimmte Warengruppen reserviert. Der Stadtplan von Bamberg kennt noch heute Grünen Markt, Heumarkt und Holzmarkt, der von Stade Pferdemarkt und Fischmarkt; zahlreiche weitere Beispiele ließen sich leicht hinzufügen.

Im Laufe der Zeit verfestigten sich die Marktstrukturen. Aus Ständen, die schnell auf- und abgebaut werden konnten, wurden Buden und feste Häuser. Manche Städte errichteten zentrale Kaufhäuser, in denen die wertvolle Handelsware zum Verkauf feilgeboten wurde. Gut lässt sich dies heute noch in Krakau nachvollziehen: Dort zeugen die Tuchhallen in der Mitte des weiträumigen Hauptmarkts vom Reichtum der mittelalterlichen Stadt.

Die Träger des Handels: Kaufleute

Mercatores und *negotiatores*, wie Kaufleute in den lateinischen Quellen heißen, sind schon in der Phase der frühesten Stadtbildung um die Jahrtausendwende in den Quellen zu greifen, als ihnen die Könige in Magdeburg, Goslar und anderen Städten Handelsvorteile verbrieften. Ursprünglich zu einem beträchtlichen Teil jüdischen Glaubens, setzten sich mit der Zeit christliche Familiengesellschaften durch, obwohl die Kirche ein überbordendes Gewinnstreben kritisch beäugte. Kaufleute gehörten überall zu den reichsten Bürgern. Sie bewohnten die prachtvollsten Häuser und zählten vielerorts zu den Patriziern. Indessen waren in der Regel nur Fernkaufleute, die Luxus- oder Massenprodukte verhandelten, so vermögend und einflussreich (s. Abb. S. 106). Daneben gab es Kaufleute, deren Geschäfte deutlich bescheidener ausfielen und die nur lokale Absatzmärkte bedienten, bis hin zu Kleinkrämern und Hökern, die Waren in geringsten Mengen feilboten.

Im Laufe des Mittelalters wurde das Handelsnetz dichter. Hatten Kaufleute in der Frühzeit im Karawanenhandel ihre Waren selbst zum Absatzort begleitet oder waren sie selbst zu den Einkaufsmärkten gereist, wurden sie nun sesshaft. Europaweit bildete sich im Laufe der Jahrhunderte ein Unternehmertum aus, bei dem der Unternehmer unterschiedliche Waren an unterschiedliche Orte verhandelte und sich dabei besonders Beauftragter sowohl für die Verfrachtung als auch für den Absatz in der Fremde bediente. Ebenso wandelte sich die Organisation des Fernhandels langfristig. Einige Märkte, die verkehrsgünstig gelegen waren oder ein besonderes Warenangebot bereithielten, stiegen zu Messen von überregionaler Bedeutung auf. Sechs jährlich aufeinanderfolgende Messen in der Champagne erlangten im 13. Jahrhundert kontinentweite Bedeutung. Im 14. Jahrhundert dann konnten die reichen Städte

Darstellung zweier Kaufleute in einem Lübecker Druck am Ausgang des 15. Jahrhunderts. Der Holzschnitt dient als Titelblatt für »Eine schöne Geschichte von zwei Kaufleuten und einer tüchtigen frommen Frau«

Flanderns den Tuchhandel an sich ziehen. Auch im Reich gelang es Orten wie Frankfurt oder Leipzig, mit ihren Messen als Drehscheiben der Warenströme zu dienen. Manche Städte in guter Verkehrslage hatten sich zudem das Stapelrecht sichern können, das durchziehende Kaufleute verpflichtete, ihre Waren für einige Tage zum Kauf anzubieten. Köln, dem der Erzbischof 1259 dieses Recht zuerkannt hatte, profitierte hiervon besonders.

Wichtig war es, die Handelsströme noch überblicken zu können, was einen stärkeren Rückgriff auf Schrift und Rechenkunst erforderlich machte. Neue, im reichen Italien entwickelte Formen der Buchführung setzten sich durch. Dort nahm auch das Bankwesen seinen Ausgangspunkt – nicht von ungefähr sind viele Begriffe der modernen Finanzsprache italienischen Ursprungs (›Konto‹, ›Giro‹ usw.). Angesichts zahlreicher konkurrierender Währungs- und Maßsysteme sowie einer chronischen Münzgeld- und Edelmetallknappheit setzte die Ausbildung geldloser Zahlungsverfahren durch Wechsel einen ökonomischen Meilenstein. Großkaufleute legten ihr Kapital zusammen, um investitionsintensive Geschäfte in Gang zu setzen. Dies begünstigte wiederum die Ausbildung kapitalkräftiger Handelsunternehmen. Einige von diesen Unternehmen konzentrierten sich auf Geldgeschäfte und erlangten an der Schwelle zur Neuzeit kontinentweite Bedeutung. Der Reichtum und Einfluss der Kaufmannsfamilien der Fugger, Walser oder Medici war so groß, dass der Ökonom Werner Sombart von ›Frühkapitalismus‹ sprechen konnte.

Das Rückgrat städtischen Wirtschaftens: Die Handwerker

Handwerke wie Müller oder Hufschmied, die in einem engen Zusammenhang mit Ackerbau und Viehzucht stehen, gab es im Mittelalter auch auf dem Land. Der Stadt jedoch blieb vorbehalten, verschiedene spezialisierte Berufe zu bündeln und als Zentren der Produktion zu dienen. Hier bot sich Handwerkern ein auf sie zugeschnittenes Arbeitsumfeld: Wer persönlich frei war, konnte auf eigene Rechnung wirtschaften. Der Kundenkreis war groß genug, dass Handwerker nicht allein auf Auftragsarbeiten angewiesen waren, sondern Produkte in größeren Mengen für eine unbestimmte Käuferschaft herstellen konnten. Die Kaufleute vor Ort erschlossen nahe und ferne Absatzmärkte. Insgesamt war die Zahl der Handwerker in den Städten so hoch, dass sie als Gruppe Forderungen stellen, Gewerbe monopolisieren und politische Mitsprache einfordern konnten.

Wichtigstes Produktionsmittel war die Handarbeit. Viele Berufe erforderten qualifizierte Tätigkeiten, die über Jahre erlernt werden mussten. Handwerkersöhne wurden früh zu einem anderen Betrieb in die Lehre geschickt. Hatten sie ausgelernt, arbeiteten sie als Gesellen zu einem festgesetzten Lohn und für eine festgesetzte Zeit für einen Meister. Nur allmählich wurden einzelne Arbeitsschritte mechanisiert, und dies vor allem in kapital- und arbeitsintensiven Wirtschaftszweigen wie dem Bergbau. Andere Gewerbe sperrten sich gegen technische Neuerungen. 1412/13 beispielsweise verbot der Kölner Rat die Einführung eines rationelleren Spinnrads (*Quelle 18*). Die Furcht war groß, dass durch neue Gerätschaften und Produktionsmethoden die geregelte Arbeitswelt in Unordnung geraten und Arbeitsplätze verloren gehen könnten.

Vorherrschend war der kleine Familienbetrieb, der Arbeitsplatz und Wohnung unter einem Dach vereinte. Lehrlinge und zumeist auch Gesellen lebten im Haus des Meisters und erhielten von ihm freie Unterbringung und Verpflegung, mussten dafür aber seinen Regeln gehorchen. Selbst Gesellen, die kaum jünger als ihre Meister waren, konnte der Genuss von Alkohol oder der nächtliche Ausgang verboten werden. Überdies war ihnen in den meisten Fällen das Heiraten verwehrt, während die Ehe von Meistern erwartet wurde. Für Gesellen, die lange ausgelernt und das Erwachsenenalter erreicht hatten, war das eine herbe Einschränkung der persönlichen Entfaltungsmöglichkeiten. Freiräume eröffneten sich erst, wenn sie auf Wanderschaft gingen, was in vielen Berufen Brauch war.

Bereits aus dem Mittelalter stammen Überlegungen, die Handwerke nach den verarbeiteten Grundstoffen einzuteilen, wie die symbolisch mit Berufsgruppen verbundenen Spielfiguren der sogenannten ›Schachzabelbücher‹ zeigen. In diesen weitverbreiteten Schriften wurde zwischen Steinverarbeitern (Maurer, Dachdecker, Steinmetze), Holzverarbeitern (Tischler, Zimmerleute) und Metallverarbeitern (Schmiede, Schlosser, Werkzeugmacher) unterschieden, zudem war eine ganze Berufssparte mit der Produktion von Stoffen und Lederwaren beschäftigt. Diese letzte Gruppe der Textilerzeuger bildete vielfach das Rückgrat städtischer Warenproduktion. Unberücksichtigt bleiben in diesem Schema jene Berufe, welche die Bevölkerung mit Nahrung und insbesondere mit verzehrfertig aufbereiteten Lebensmitteln versorgten: Bäcker, Metzger oder Fischer gab es selbst in den kleinsten Städten, deren Bewohner teils selbst überwiegend von der Landwirtschaft lebten.

Mit der Größe der Stadt und im Verlauf des Spätmittelalters nahm die Spezialisierung der Berufe zu. Manche Städte waren für Waren besonderer Qualität bekannt, wie etwa Nürnberg für seine Metallprodukte oder Einbeck für sein Bier. Die Spezialisierung brachte es zudem mit sich, dass einige Berufe sich höherer Wertschätzung als andere erfreuten, obwohl sie mit demselben Stoff hantierten. Kunstschlosser galten mehr als Hufschmiede, Schuhmacher mehr als Flickschuster, Gewandschneider mehr als Weber usw. Wer ein qualitätsvolles Endprodukt herstellte, war angesehener als jemand, der nur Grundstoffe produzierte wie die Färber oder Gerber.

Gilden und Zünfte

Gilden und Zünfte bildeten im Spätmittelalter die gewöhnlichen Organisationsformen städtischen Wirtschaftens. Die Geschichtswissenschaft scheidet zuweilen zwischen ›Gilden‹ als Kaufleute- und ›Zünften‹ als Handwerkervereinigungen – zeitgenössisch ist diese Aufteilung jedoch nicht. Wie viele weitere, überwiegend regionale Bezeichnungen (›Ämter‹, ›Gaffeln‹, ›Innungen‹, ›Zechen‹ usw.) konnten sich beide Begriffe gleichermaßen auf alle gewerblichen Genossenschaften beziehen.

Kaufleutevereinigungen sind schon früh bezeugt. Im frühen 11. Jahrhundert berichtet Alpert von Metz von einer Gilde im niederländischen Tiel. Durch alle missbilligenden Schmähungen hindurch lässt seine Schilderung bereits zentrale Merkmale späterer Zusammenschlüsse erkennen: die gemeinsame, durch Eide bekräftigte Willensbildung, eine eigene Kasse und das gemeinsame Mahl. Mit der Zeit spezialisierten sich die Händler und mit ihnen die Vereinigungen. Ältere Gilden, welche alle Kaufleute einer Stadt versammelten, wurden durch solche abgelöst, deren Mitglieder regelmäßig ein gemeinsames Ziel ansteuerten (z. B. die Soester Schleswigfahrer) oder die mit einer bestimmten Warengruppe handelten. Hervorzuheben sind hier in vielen Orten die Gewandschneider, die im großen Stil Tuche kauften und verkauften, sowie die Münzer, welche mit der Prägung der Münzen betraut waren, mit Edelmetallen handelten, Geld wechselten und sich in manchen Städten in exklusiven Hausgenossenschaften zusammenfanden.

Erste Hinweise auf eine Existenz von Handwerkervereinigungen stammen aus dem 12. Jahrhundert. Den Wormser Fischern wurden 1106 Rechte verbrieft, ohne dass endgültig zu klären ist, ob sie schon als Gruppe organisiert waren. Belegt ist dies für die Würzburger Schuhmacher 1128 und die Kölner Bettdeckenweber 1149. Flächendeckend entstanden Zünfte, die über ein gewisses Maß an Autonomie verfügten, erst im 13. Jahrhundert. Wichtig ist, in Erinnerung zu behalten, dass sich in den Zünften die Handwerksmeister verbanden, die Gesellen hingegen ausgeschlossen blieben. Immerhin lassen sich seit dem 14. Jahrhundert besondere Gesellenvereinigungen greifen, die ebenfalls nach genossenschaftlichem Muster, wenn auch infolge der größeren Mobilität von Gesellen eher regional organisiert waren.

Ziel der Zünfte war, allen genossenschaftlich organisierten Gewerbetreibenden eines Berufsfelds ihr Auskommen im Diesseits wie im Jenseits zu sichern. Regelungen zum Totengedächtnis kam mithin eine ähnlich hohe Bedeutung zu wie Bestimmungen zum Handwerk selbst. Die Sorge der Zünfte konzentrierte sich auf die Interessen der bereits Etablierten – es galt, sich unliebsamer Konkurrenz zu erwehren. Fast überall wurde deshalb der Zugang zur Zunft erschwert. Zünfte konnten eine Höchstzahl von Zunftmitgliedern festschreiben oder Gebühren für einen Beitritt erheben. Fremde wurden gegenüber dem eigenen Nachwuchs benachteiligt. Der Zunftzwang legte fest, dass nur Angehörige der Zunft das jeweilige Gewerbe ausüben durften (*Quelle 16*).

Verbreitet waren Handwerkervereinigungen bei Berufen, die für den Export vorgesehene Güter produzierten (vor allem Tuche und Metallwaren). Die übrigen Gewerbe waren nicht in gleichem Maße zünftisch organisiert. Wo Zünfte aber bestanden, oblag ihnen fast immer die Regelung ihres Gewerbes. Sie konnten Produktionsmengen und Produktionsmittel begrenzen, Preise und Löhne festlegen, die Arbeitszeit festschreiben, Qualitätsstandards setzen (*Quelle 17*) und oft ihre eigenen Zunftmeister wählen. Etliche städtische Räte unterstützten diese Politik, indem sie den Regelungen die Macht von Gesetzen verliehen (*Quelle 16*). Gleichzeitig übten die städtischen Obrigkeiten eine Kontrolle aus. Welche Befugnisse Zünfte im einzelnen hatten, unterschied sich von Stadt zu Stadt und von Zunft zu Zunft.

In vielen spätmittelalterlichen Städten spielten Zünfte eine große politische Rolle. Wie gezeigt, beteiligten sie sich seit der Mitte des 14. Jahrhunderts maßgeblich an den zahlreichen stadtinternen Auseinandersetzungen. Oft genug prallten die Interessen eines kaufmännisch geprägten Patriziats und die einer aufstrebenden Handwerkerschaft aufeinander. Führend waren in dieser jene Familien, die vermögend waren und wirtschaftlich mit der Kaufmannschaft konkurrieren konnten. Wo der offene Konflikt vermieden wurde oder wo sich die Zünfte gewaltsam durchsetzten, stand am Ende der Entwicklung meistens eine Beteiligung der Zünfte an der Stadtherrschaft. Manchmal mussten sich am Ausgang des Mittelalters wie in Speyer gar alle Bürger der Stadt in Zünften organisieren, sodass selbst das Patriziat nurmehr als Einzelzunft akzeptiert wurde. Es gab aber auch Fälle, in denen die Ansprüche der Handwerkergenossenschaften erfolgreich zurückgedrängt wurden und ein patrizischer Rat dauerhaft die Oberhand behielt – Nürnberg bietet ein Musterbeispiel hierfür (s. o. S. 68).

4 Die Stadt als Lebensraum

Bevölkerung

Spätmittelalterliche Städte boten den Menschen ein Lebensumfeld, das kaum mit dem heutiger Städte zu vergleichen ist. Der besiedelte Raum war meist deutlich geschlossener. Die meisten Bewohner lebten im Schutz von Befestigungswerken, selbst wenn auch vor den Mauern einer Stadt Wohnhäuser existierten. Der bedeutendste Unterschied zur Gegenwart liegt aber in den unterschiedlichen Größenordnungen: Als größte Stadt des spätmittelalterlichen lateinisch-christlichen Europa gilt Paris, das mit wohl über 100 000 Einwohnern auch nach heutigen Maßstäben als Großstadt bezeichnet werden könnte. Die wenigen anderen Städte, die annähernd diese Bevölkerungszahl erreichten, lagen in Norditalien und in Flandern. Sehr groß war Köln mit seinen im Spätmittelalter etwa 40 000 Einwohnern. Nur wenige Städte wie Lübeck, Braunschweig, Magdeburg oder Nürnberg zählten sicher mehr als 20 000 Einwohner. Bereits ab 10 000 Einwohnern konnte sich eine Stadt kontinentweiter Bekanntheit erfreuen. Selbst in keinesfalls unbedeutenden Mittelstädten wie Leipzig oder Nördlingen lebten nur um die 5 000 Menschen. Allerdings sind all diese Zahlen geschätzt: Nur im Ausnahmefall wurde wie in Nürnberg und Straßburg die Bevölkerung gezählt. Selten einmal machen die Quellen konkrete Angaben; wenn sie es tun, geschieht dies eher beiläufig wie in der Limburger Chronik, die an einer Stelle behauptet, dass Limburg 2 000 bewaffnete Kämpfer habe ins Feld schicken können, während 8 000 Gottesdienstbesucher an Feiertagen die Kirche besucht hätten (*Quelle 15*).

Trotz der relativ geringen Bevölkerungszahl (und trotz des in den Quellen allgegenwärtigen ideologischen Anspruchs städtischer Eintracht) war die mittelalterliche Stadtgesellschaft sozial stark untergliedert. Dies galt selbst dann, wenn man von der Sonderstellung der Geistlichen absieht und nur die weltliche Bevölkerung betrachtet. Kaufleute und Handwerker fanden sich meist in unterschiedlichen Genossenschaften zusammen, manch ein Stadtbewohner war studiert, ein anderer besaß die Ritterwürde. Neben den Bürgern gab es dauerhaft ansässige Nicht-Bürger, hinzu kamen Gäste und fahrendes Volk.

Überdies unterschied sich die Wirtschaftskraft der einzelnen Bürger nach Ausweis von Steuerlisten beträchtlich. Ein vermögender Kaufmann konnte viele hundert Mal reicher sein als die Mehrheit seiner Mitbürger. Dabei garantierte Reichtum zwar keinen sozialen Aufstieg, ohne ihn war er aber kaum denkbar. Und so offensichtlich Kaufleute im Durchschnitt vermögender waren als zünftige Handwerker, so schwierig ist es, dies mit modernen Begriffen wie ›Schicht‹ oder ›Klasse‹ zu fassen, die dem Mittelalter fremd waren. Organisiert waren die Bürger nicht nach ihrem Vermögen, sondern nach ihrem Gewerbe und/oder nach ihrer Herkunft.

Städte galten als reich, und dennoch gab es das Phänomen der Armut. Doch bildeten die von ihr Betroffenen keinesfalls eine einheitliche Gruppe. Wer Bürger und in einer Zunft organisiert war, konnte auf genossenschaftliche Unterstützung hoffen. Wem hingegen das Bürgerrecht fehlte, der mochte sich in jeder Krise in existenzieller Not wiederfinden. Zwar gab es städtische Fürsorgeeinrichtungen, aber die vielen Hospitäler (die zum Teil heute noch existieren) standen längst nicht jedem offen.

Die gewöhnliche Fürsorgegemeinschaft im Mittelalter war ohnedies die Familie. Die aus Eltern und Kindern bestehende Kernfamilie war in den Städten trotz einer großen Vielfalt von Familienformen weitverbreitet. Insbesondere in Handwerkerkreisen konnten Haushalte zudem Lehrlinge und Gesellen umfassen; diese genossen Fürsorge und Schutz, mussten sich aber den Regeln des Hauses unterwerfen (s. o. S. 108 f.). Seltener waren im Spätmittelalter große Hausgemeinschaften geworden, wie sie die vor- und frühstädtische Zeit gekannt hatte – diese schlossen nicht-verwandte, dienstpflichtige Personen ein. Sie hatten in den Städten an Bedeutung verloren, weil Bürger dort in der Regel persönliche Freiheit besaßen.

Frauen in der Stadt

Angesichts mutmaßlich unterschiedlicher Überlebenschancen ist gelegentlich diskutiert worden, ob in mittelalterlichen Städten mehr Männer oder mehr Frauen lebten oder ob das Verhältnis ausgeglichen war. Unbeschadet dessen war der Anteil der Frauen an der Bevölkerung so groß, dass es schwierig ist, allgemeine Aussagen über ihre Rolle in der städtischen Gesellschaft zu treffen. Frauen erscheinen in den Quellen in den Reihen des Patriziats ebenso wie als Angehörige der Unterschichten, als ehrbare Meisterfrauen ebenso wie als Teil des Gesindes, als Nonnen ebenso wie als Prostituierte.

Wichtiger als die Geschlechtszugehörigkeit konnte für die Lebenswirklichkeit die soziale Stellung sein. Gleichwohl gab es geschlechtsspezifische Rollenerwartungen. Vor allem die Kirche beförderte im Mittelalter eine Weltsicht, nach welcher Frauen wankelmütiger, schwächer und weniger begabt als Männer seien. »Im Mann gedeiht die Vernunft, der Frau fehlt sie«, schrieb Durandus de Alvernia im 14. Jahrhundert. Auch die Rechtstradition wies Frauen einen untergeordneten Status zu. Doch gerade städtische Quellen zeigen Frauen in einer sehr aktiven Rolle. Selbst wenn der Blick verzerrt wäre, weil Städter insgesamt stärker als andere Gruppen auf das Medium Schrift zurückgriffen, lässt die im Vergleich zu anderen Milieus deutlich größere Sichtbarkeit von Frauen in den Quellen aufmerken: Allem Anschein nach hatten sie in Städten größere Entfaltungsmöglichkeiten als anderswo.

Zwar schränkten allgemeine Normen Frauen auch in der Stadt insofern ein, als diese als nicht gerichtsfähig galten und als Töchter oder Ehefrau unter männlicher Vormundschaft standen. Indessen zeigen sich gerade in den Städten Ansätze einer Gleichstellung im Rechtsleben: Als die Bewohner der werdenden Stadtgemeinden Verbesserungen des Erbrechts erstritten, profitierten davon auch die Frauen: »Wenn einer meiner Bürger stirbt, sollen dessen Ehefrau und ihre Kinder alles, was ihr Ehemann hinterlassen hat, ohne Einschränkung behalten«, heißt es schon im ältesten Freiburger Stadtrecht in Bezug auf die Ansprüche des Stadtherrn (*Quelle 4*). Frauen konnten erben, selbst wenn der Umfang ihrer Ansprüche von Stadt zu Stadt anders ausfiel. Allgemein trat in der Stadt die Bedeutung männlicher Vormundschaft zurück, zugleich erweiterte sich der Handlungsspielraum der Frauen (s. dagegen noch *Quelle* 9).

In allen Städten waren Frauen aktiv in das Wirtschaftsleben eingebunden: Sie waren geschäftsfähig, wenn sie als Händlerinnen auftraten. Dies galt für die Gemüseverkäuferin auf dem Markt ebenso wie für die Frau eines reichen Kaufmanns, welche in seiner Abwesenheit oder als Witwe nach dessen Tod die Geschäfte weiterführte. Das Handwerk beförderte eine Form des Familienbetriebs, bei dem alle Angehörigen ihre Arbeitskraft ihren Möglichkeiten gemäß einbrachten. Frau und Mann arbeiteten gleichermaßen. Ob einzelne Arbeitsschritte dem einen oder anderen Geschlecht vorbehalten waren, hing vom Gewerbe und von der Region ab. Manchmal spielten Männer in der Anfertigung eine zentrale Rolle, ihre Frauen im Verkauf, manchmal war es andersherum. In Köln beispielsweise war die Seidenspinnerei Frauensache und konnten Frauen in diesem Handwerk Meisterinnen werden.

Ebenso war es möglich, dass Ehepartner unterschiedlichen Gewerben nachgingen, wobei Frauen dann vielfach in der Textilproduktion tätig waren. Ihr Beitrag zum Einkommen der Familie konnte erheblich sein. Als der Augsburger Chronist Burkard Zink seine Stellung als Handelsgehilfe verlor, stützte sich die Familie auf die Garnproduktion seiner Frau Elisabeth (*Quelle* 19). Auch alleinstehende Frauen konnten mit Spinnen oder Weben ihr Auskommen finden, obwohl sie ökonomisch ungleich gefährdeter waren. Witwen konnten ebenso von bitterer Armut bedroht sein wie Wohlstand vermitteln, wenn eine Heirat mit ihnen Gesellen die Chance eröffnete, zu Meisterschaft, Bürgerrecht und Zunftmitgliedschaft zu gelangen.

Trotz einer gemeinsamen Lebenswelt machten Männer und Frauen vielfach unterschiedliche Erfahrungen. Über alle Gesellschaftsgruppen hinweg folgte aus der Kombination von Rollenerwartung und biologischen Gegebenheiten, dass sich das Leben von Mann und Frau unterschiedlich gestaltete. Krankheit oder Tod z. B. gefährdeten sie in unterschiedlichen Lebensphasen in verschiedenem Maße: Forderten hier die Risiken einer Schwangerschaft und vor allem der Geburt ihren Tribut, waren es dort der Waffendienst oder mit höheren Unfallgefahren verbundene, Männern vorbehaltene Tätigkeiten wie die Arbeit unter Tage. Obwohl es auch weibliche Mobilität etwa in Form der Teilnahme an Pilgerfahrten wie an Handelsreisen gab, waren es häufiger Männer, die auf Reisen gingen oder Arbeiten draußen verrichteten. Das gesellschaftliche Ideal wies erwachsenen Frauen die inhäusige Rolle als Ehefrau und Mutter zu, wenn sie ihr Leben nicht gleich ganz Gott weihten und hinter Klostermauern verbrachten.

Das kirchliche Lob der Fruchtbarkeit und die hohe Kindersterblichkeit sorgten für eine hohe Zahl von Geburten, wo immer dies die wirtschaftlichen Verhältnisse erlaubten. Drei Beispiele aus dem 14. und 15. Jahrhundert: neun Kinder hatte in 29 Jahren die Augsburgerin Elisabeth Störkler mit ihrem Mann Burkard Zink, in fünfzehn Jahren die Frankfurterin Eilgin Hulzhusen mit ihrem Bernhard Rorbach und in nur acht Jahren die Nürnbergerin Anna Stromer mit ihrem Mann Sebald Vorchtel. Höhere Kinderzahlen waren möglich und waren insbesondere beim Patriziat anzutreffen, das mit seinem Wunsch nach zahlreichem Nachwuchs dem Adel nacheiferte.

Städtische Sonder- und Randgruppen

Manche Stadt trachtete im Spätmittelalter danach, dass möglichst alle ständig innerhalb der Mauern ansässigen Menschen Bürger waren. Häufiger jedoch besaßen nur bestimmte Gruppen das Bürgerrecht, wobei es Unterschiede dahingehend gab, wie inklusiv oder exklusiv die Bürgergemeinschaft jeweils war. Bereits hingewiesen wurde auf die Sonderstellung der Geistlichkeit, die in der Regel mit einer hohen Wertschätzung verbunden war. Ganz anders sah dies bei der Fülle ehrloser oder ehrverminderter Gruppen aus, die von einer normalen Teilhabe am städtischen Leben ausgeschlossen waren. Dies konnte auf mehrere Ursachen zurückgehen:

- In einer Epoche, die Herkunft und Abkunft große Bedeutung zuschrieb, wurde ausgegrenzt, wer den Makel einer unehrenhaften Geburt zu tragen hatte. Abgesprochen wurde die Ehre jenem, dessen Eltern bereits ehrlos waren oder der einer unehrenhaften Verbindung entsprang. Denn obwohl die Menschen sich nach dem Verständnis der Kirche allein im Rahmen eines Eheverhältnisses fortpflanzen sollten, gab es zahlreiche uneheliche Kinder. Selbst Priester zeugten so häufig Nachwuchs, dass ein eigener Begriff ›Pfaffenkinder‹ existierte. Im Prinzip lassen sich zu dieser Gruppe auch all jene zählen, die ihrer anderen Religion oder ihrer fremden Herkunft wegen diskriminiert wurden, wie etwa die slawischen Wenden im Nordosten Deutschlands. Von den Juden wird im Anschluss zu sprechen sein, genannt werden müssen aber auch die Sinti und Roma, die seit der Wende vom 14. zum 15. Jahrhundert nach Mitteleuropa einwanderten.
- Ein weiterer Grund für die Ausgrenzung konnten unehrenhafte Tätigkeiten und insbesondere ein unehrenhaftes Gewerbe sein. Es gab mancherlei Vorstellung, wer genau hinzuzurechnen sei. Spielleute, Gaukler und überhaupt alle, die für Unterhaltung zuständig waren, zählten meist ebenso dazu wie jene, die sexuelle Dienstleistungen erbrachten – weibliche Prostitution wurde in Maßen toleriert. Als unehrenhaft galt zudem oft, wer Abfälle und Ausscheidungen

beseitigte oder berufsmäßig tote Tiere weiterverarbeitete. Betroffen sein konnten zudem Leineweber, Henker, Hebammen, Müller und weitere Berufe.

- Unehrenhafte Verhaltensweisen führten gleichfalls zu einem Leben am Rande der Stadtgesellschaft: Kriminalität war dem Mittelalter nicht unbekannt, und da es Körperstrafen gab, konnte man den Menschen auch ansehen, wenn sie gefehlt hatten. Als Verbrechen galt unter anderem die Häresie (d. h. die Abweichung vom Glauben), die seit der ersten Hälfte des 13. Jahrhunderts von der Inquisition, einem eigens für diesen Zweck erfundenen rechtlichen Fahndungsverfahren, verfolgt wurde.
- Schließlich wurde auch nicht akzeptiert, wer vom Idealbild des vernunftbegabten, nach Gottes Ebenbild geschaffenen Menschen abwich. Geistige oder körperliche Behinderungen führten damit zur Randständigkeit.

Die Benachteiligungen, denen diese Randgruppen ausgesetzt waren, richteten sich nach dem Grad der Ächtung. Beleidigungen, soziale Meidung, Kontaktverbote oder eine Beschränkung des Zugangs zu höher angesehenen städtischen Gemeinschaften waren für die Betroffenen unangenehm genug. Schwerer noch wogen der Wegfall jeglichen Rechtsschutzes oder gar eine aktive Verfolgung.

Juden

Die Geschichte jüdischer Gemeinden in der mittelalterlichen Stadt ist ein Wechselspiel von Aufblühen und Katastrophe. Dabei ist es kaum möglich, sich die Gewalttaten jener Epoche anders als mit dem Wissen um die viel spätere fabrikmäßige Massenvernichtung durch die Nationalsozialisten zu vergegenwärtigen. Dennoch lässt sich die Shoa in keine nahtlose

Kontinuität mit den im Namen der Religion verübten Grausamkeiten des Mittelalters stellen. Obwohl Juden bereits im Mittelalter Diskriminierung, Enteignung, Vertreibung und Vernichtung erdulden mussten, gab es ebenso Phasen der Entfaltung und eines verhältnismäßig friedlichen Zusammenlebens von Christen und Juden.

Anders als im Spanien und Portugal der ›Sephardim‹, die in direkter antiker Tradition standen, formierte sich jüdisches Leben in Nordwest- und Mitteleuropa im Mittelalter weitgehend neu. Mit den ›Aschkenasim‹ entstand hier ein zweiter bedeutender jüdischer Kult- und Traditionskreis. Dessen Anfänge hängen mit dem allgemeinen Aufschwung des 10. Jahrhunderts zusammen, der, wie oben geschildert, die Stadtbildung begünstigte. Er brachte jüdische Fernkaufleute nach Nordfrankreich und an den Rhein. Die Herrscher förderten dies, profitierten sie doch von den weiträumigen jüdischen Kontakten bis in den Orient.

Angesichts ihrer Tätigkeit im Handel mit wertvollen Gütern (Salz, Gewürze, Sklaven) ließen sich jüdische Kaufleute mit ihren Familien vor allem dort nieder, wo sie städtische Strukturen vorfanden, die ihnen den Warentausch ermöglichten und herrscherlichen Schutz versprachen. Um 1170 zählte der Reisende Benjamin von Tudela Orte nördlich der Alpen auf, an denen sich jüdische Gemeinden befanden – die Liste liest sich wie eine Aufstellung der bedeutendsten städtischen Siedlungen der Zeit. Wichtige frühe Gemeinden bestanden in Köln und Trier sowie in den von den Königen und Kaisern besonders geförderten Orten Speyer, Worms und Mainz. Hier entfaltete sich ein blühendes kulturelles Leben, hier wirkten bedeutende und gerühmte Gelehrte. Jüdische Händlerfamilien bildeten eine wirtschaftlich erfolgreiche und gebildete Elite.

Jüdische Gemeinden benötigten Funktionsgebäude: die Synagoge, in der die Tora aufbewahrt und der Gottesdienst gefeiert wurde, oder die Mikwe, das rituelle Tauchbad. Weitere Bauten wie Tanzsaal, Schule oder Schlachthaus konnten hinzukommen. Meist wohnten die jüdischen Familien in unmittelbarer räumlicher Nähe zueinander. Im Spätmittelalter geschah dies zunehmend zwangsweise, wofür das ›Ghetto‹ in Venedig später namensgebend wurde.

Die jüdische Gemeinde bildete in der Regel eine Körperschaft, die der Stadt oder dem Stadtherrn als ganze gegenübertrat. Sie genoss Königsschutz, für den sie freilich Abgaben entrichten musste. Ihr Verhältnis zur Stadtgemeinde und zu den städtischen Führungsgremien bewegte sich in einem eigentümlichen Spannungsverhältnis von Einbeziehung und Abgrenzung. Juden und Christen gingen Wirtschaftsbeziehungen ein, Christen arbeiteten als Hilfen in jüdischen Haushalten, zugleich begaben sich Christen vielfach in die Behandlung jüdischer Ärzte, deren medizinische Fähigkeiten gerühmt wurden. Geschieden war man zwar durch die weitgehend getrennten Wohnstätten, doch begegnete man sich im Alltag auf den Straßen. Trennend wirkten sich die Glaubensunterschiede aus, die mittelbar auch eine Mitgliedschaft in jenen zahlreichen städtischen Vereinigungen (Zünfte, Bruderschaften usw.) ausschloss, die über eine gemeinschaftliche Ausübung religiöser Riten Sozialbeziehungen vermittelten. Nachdem sich ein Waffenverbot für Juden durchgesetzt hatte, wirkte auch dies trennend, denn es verhinderte die von allen Bürgern eingeforderte Verteidigungsleistung, an deren Stelle dann eine Sondersteuer zu zahlen war.

Eine besondere Form der Absonderung ergab sich schließlich aus der Kennzeichnungspflicht, die seit 1215 von der Kirche gefordert worden war. Juden sollten erkennbar sein und Kontakte zwischen den Angehörigen der beiden unterschiedlichen Religionen erschwert werden. Überall in Europa als jüdisch begriffen wurde der breitkrempige und in der Mitte zuckerhutähnlich oder halbrund hoch zulaufende ›Judenhut‹, der ursprünglich Teil einer freiwillig getragenen Mode der aschkenasischen Männer war. Der Pflicht zur Kennzeichnung konnte aber ebenso durch einen Zwang zum Tragen von Markierungen auf der Kleidung entsprochen werden wie in Venedig, das seit 1397 einen gelben Stoffstreifen forderte.

Seit den Gregorianischen Reformen des 11. Jahrhunderts hatte sich in der christlichen Bevölkerung eine Frömmigkeit Bahn gebrochen, die radikale Handlungsweisen im Diesseits wahrscheinlicher machte. Endzeiterwartungen beförderten den Hass gegen Andersgläubige. Juden wurden mancherorts als erste von den sich sammelnden Kreuzzugsheeren erschlagen, die ihren Kampf gegen alles Nichtchristliche quasi vor der eigenen Haustür beginnen wollten. Schon 1096 starben auf diese Weise zahlreiche Juden in Speyer, Worms, Mainz und Köln. Trotz dieser Welle der Gewalt entstanden im 12. und 13. Jahrhundert zahlreiche kleinere Gemeinden vor allem in süddeutschen Städten.

Christliche Kaufleute verdrängten Juden seit dem 12. Jahrhundert aus dem Fernhandel. In den städtischen Handwerken durften Juden sich nicht betätigen, sodass ihnen weitgehend nur Geldgeschäfte wie die Pfandleihe oder die Kreditvergabe blieben, die Christen wegen des Zinsnahmeverbots verschlossen waren. Juden spielten so zwar weiterhin eine wichtige Rolle im Wirtschaftsleben, doch öffnete diese spezifische Tätigkeit Anfeindungen Tür und Tor.

Das Spätmittelalter brachte kirchlicherseits eine Zunahme der Verfolgung jeder Form von Ketzerei. Insbesondere die in den Städten seit dem 13. Jahrhundert tätigen Bettelorden verbreiteten in ihren Predigten Geschichten von angeblichen Ritualmorden und jüdischem Hostienfrevel. Hiervon ermutigt, richteten verarmte Bevölkerungsgruppen ihren Zorn auf die Zustände verstärkt gegen die Andersgläubigen. Aufstandsbewegungen trafen Juden europaweit nun mit voller Wucht: 1298 erlagen in zahllosen Orten Frankens Juden der nach ihrem Anführer so benannten ›Rintfleisch-Verfolgung‹. 1320/21 traf es im Zuge des zweiten Pastorellen-Aufstands die jüdischen Gemeinden in Toulouse, Narbonne und anderen südfranzösischen Städten. 1336–38 wurden Juden in Hessen, im Elsass und abermals in Franken Opfer der ›Armledererhebung‹.

Noch verheerender waren die Vorwürfe, die man den Juden 1347–51 während der unaufhaltsamen Ausbreitung der Großen Pest über ganz Europa machte. Landauf, landab berichten die Chronisten von Pogromen. In Straßburg hielt Fritsche Closener fest, man habe am Valentinstag alle Juden der Stadt verbrannt. Ähnliches sei in allen rheinischen Städten geschehen (*Quelle 11*). Von Spanien bis Polen machte die Legende von der Brunnenvergiftung die jüdischen Bevölkerungen zu Sündenböcken für den Schwarzen Tod. »Man beschuldigte aber die Juden, dass sie die Christen vergiftet hätten und dass daher so viele gestorben wären«, schreibt die Limburger Chronik. Ob im westfälischen Münster, im thüringischen Sondershausen oder im sächsischen Meißen – in zahlreichen Städten erlosch das jüdische Leben vollständig. In Nürnberg holte sich der Rat gar unmittelbar vor den Gewalttaten und der Tötung Hunderter Juden von Kaiser Karl IV. die Genehmigung zum Abriss des jüdischen Viertels. Am Ort der zerstörten Synagoge errichtete man eine Marienkirche, während an der Stelle des Ghettos der Altmarkt entstand, auf dem heute der berühmte Christkindlsmarkt abgehalten wird.

In einer ganzen Reihe von Orten konnten sich überlebende Juden einige Jahre nach dem Abklingen der ersten großen Pestwelle wieder ansiedeln, doch nirgends wurde der vorherige Status erreicht. Zudem war ihre Sicherheit dauerhaft gefährdet, weil sich Tötungen und Vertreibungen fortsetzen. Fluchtalternativen gab es kaum. Bereits 1290 war die gesamte jüdische Bevölkerung Englands der Insel verwiesen worden, wenig besser sah es in Frankreich aus, wo die Könige zwischen 1182 und 1384 mehrfach Juden vertrieben. Zum Teil flohen Juden aus diesen Ländern zunächst nach Deutschland, nur um dort mit weiteren Verfolgungswellen konfrontiert zu werden.

Über das Mittelalter hinaus lässt sich eine jüdische Restbevölkerung außer in Worms, Frankfurt und Prag lediglich in einigen kleineren Städten wie Friedberg oder Wertheim fassen. Die Mehrzahl der Überlebenden wanderte nach Osteuropa ab, wo insbesondere Polen und Litauen vergleichsweise sichere Ziele bildeten, obwohl dort ebenfalls Gewalttaten und Benachteiligungen vorkamen. Dass die in der Neuzeit nach Millionen zählende jüdische Bevölkerung dort aus der einstigen mitteleuropäischen Stadtkultur erwuchs, verdeutlicht nicht zuletzt ihre Sprache, das Jiddische, das auf einem mittelhochdeutschen Grundstock aufbaut. Die planmäßige Vernichtung durch die nationalsozialistische Gewaltherrschaft im Zweiten Weltkrieg zerstörte diese blühende jüdische Kultur Ostmitteleuropas.

Ernährung

Viele Pflanzen bereichern unsere Speisekarte erst seit der Erschließung Amerikas: Kartoffeln, Tomaten, Paprika und Grüne Bohnen kannte das europäische Mittelalter ebenso wenig wie Sonnenblumen, Erdnüsse oder Kakao. Stattdessen bildeten Getreideerzeugnisse und Hülsenfrüchte die Grundlage der Ernährung. Korn wurde nicht nur vermahlen und verbacken, sondern auch zu Brei oder Grütze verarbeitet, den Alltagsspeisen weiter Bevölkerungskreise. Gemüse und Obst bauten Stadtbürger in Gärten vor den Mauern an. Zwiebeln und Knoblauch galten als Gewürz- wie als Heilmittel. Kohl wurde zu Sauerkraut verarbeitet, Gurken wurden eingelegt. Zitronen, Orangen und Pfirsiche gediehen vor allem rund um das Mittelmeer, waren als Luxusgut aber auch nördlich der Alpen zu haben.

Neben Getreideerzeugnissen spielte Fleisch in der mittelalterlichen Ernährung der Städter eine wichtige Rolle (*Quelle 22*). Umstritten ist, wie viel davon pro Kopf tatsächlich verzehrt wurde. Ausgrabungen zeigen, dass bereits im frühmittelalterlichen Handelsplatz Haithabu in großem Umfang Schweine, Rinder und Schafe geschlachtet wurden. Stolz beschreibt William Fitzstephen um 1180 die Stadt London und lobt die Imbissstände am Themseufer, wo man täglich und zu jeder Jahreszeit unterschiedlichste Speisen finden könne: »Gegrilltes, Gebackenes, Geröstetes, Gesottenes, Fische und Fischchen, gröberes Fleisch für die Armen, delikateres für die Reichen, Wild, Groß- und Kleingeflügel«. Beachtlich ist, dass er von einem Fleischkonsum von Reich und Arm berichtet, selbst wenn sich die Ärmeren mit Stücken begnügen mussten, die wir heute kaum als tischfähig erachten würden.

Das Nebeneinander von Getreide und Fleisch und ihre Bedeutung für die allgemeine Ernährung spiegeln sich in der frühen Ausbildung von Spezialberufen innerhalb der mittelalterlichen Städte wider. Vielfach wird eine städtische Aufsicht über gerade diese Berufe greifbar. Bei Bäckern galt es auszuschließen, dass sie zu wenig oder schlechtes Mehl verarbeiteten, bei Fleischern, dass sie minderwertige oder gar verdorbene Produkte auf den Markt brachten. Vielerorts gab es im Spätmittelalter amtliche Regelungen der Fleischbeschau, der Aufbewahrungsdauer für Geschlachtetes und der Sauberkeit an den Verkaufsständen.

Eine besondere Rolle kam Fisch zu. Getrockneter Kabeljau und gesalzener Hering gehörten zu den ersten Massenprodukten, die über den ganzen Kontinent gehandelt wurden. Ein Angebot an Fisch war besonders in der Fastenzeit mit ihrem Fleischverbot wichtig.

Insgesamt war der steigende Proteinbedarf der wachsenden Stadtbewohnerschaft nicht allein über die steigende Agrarproduktion des Umlandes zu decken. Seit dem Hochmittelalter wurden Lebensmittel in Massen transportiert, um die gewachsenen städtischen Bevölkerungen zu versorgen. Dies klappte nicht immer – viele mittelalterliche Quellen berichten über wiederkehrende Hungersnöte. Städte milderten die Folgen schlechter Erntejahre durch eine organisierte Vorratshaltung ab. Hungers zu sterben scheint dort unwahrscheinlicher gewesen zu sein als auf dem Lande. Vor der Jahrtausendwende war es eher eine Frage, ob man überhaupt etwas zu essen hatte, als was man aß. Im Laufe der späteren Jahrhunderte lässt sich insgesamt eine Verbesserung der Zustände greifen.

Nach und nach wurde zwischen einfacheren und raffinierten Gerichten differenziert. Wer im Spätmittelalter in seiner Küche über weite Entfernungen gehandelte Zutaten wie Rosinen, Feigen, Datteln oder Mandeln verwenden konnte, zeigte damit seinen Wohlstand. Zu besonderen Anlässen wie Ratsessen, Zunftfeiern oder Bruderschaftsmahlen wurden mehrgängige Festmenüs mit ausgesuchten Speisefolgen auf den Tisch gebracht.

Viel mehr als heute bestimmten die Jahreszeiten den Speiseplan. Im Sommerhalbjahr wuchsen frische Früchte und Beeren, im Herbst bereicherten Pilze die Mahlzeiten. Die Konservierungsmöglichkeiten waren noch beschränkt und erforderten einen erheblichen Aufwand. Obwohl sie mit Zauberei verbunden wurde und zum Teil sogar kirchlich geförderte Ausrottungsversuche über sich ergehen lassen musste, erfüllte die Hauskatze die wichtige Aufgabe, Getreide vor Nagetieren zu schützen. Fisch und Fleisch wurden getrocknet, geräuchert oder gesalzen. Ebenso ist die städtische Vorratshaltung von Wein und Bier weniger als eine Maßnahme zur Regelung des Volksvergnügens zu begreifen denn als Bemühen, ein keimfreies Getränk bereitzustellen (*Quelle 17*). Denn trotz des Stolzes der Städte auf ihre öffentlichen Brunnen lauerten auch in diesen die Krankheitserreger.

Hygiene

Mittelalterliche Städte stanken. Modernen Vorstellungen genügten die hygienischen Zustände keinesfalls. Die meisten Häuser waren klein, feucht und dunkel. Vom Lüften hielt man nicht viel, fürchtete man doch giftige Ausdünstungen der Erde. Das enge Zusammenleben erleichterte die Übertragung von Keimen. Die wenigen Kleidungsstücke wurden selten gewechselt und boten wie die Betten, die oftmals geteilt wurden, Ungeziefer einen günstigen Nährboden. Urin und Kot versickerten nahe bei den Häusern. Jauchegruben wurden selten geleert. Ratten waren eine allgegenwärtige Plage.

Gestank und besondere Gefährdung durch Krankheiten waren den Zeitgenossen bewusst, und beides störte sie. Städtische Weisungen, die sich um eine Verbesserung der hygienischen Zustände bemühen, sind vielfach bezeugt. Ihre Wirksamkeit war allerdings begrenzt, nicht zuletzt infolge geringer Kenntnisse über tatsächliche Übertragungswege von Krankheiten. Man wusste, dass es sinnvoll war, Frischwasser und Abwasser voneinander zu trennen, doch ließ sich diese Trennung nur ansatzweise ins Werk setzen. Ebenso erkannte man das enge Beieinander von Mensch und Tier als problematisch. In einer reichen und selbstbewussten Stadt wie Nürnberg versuchte man einen abseitigen Ort für den Schweinemarkt zu finden, ohne zu einer befriedigenden Lösung zu gelangen. Man beschäftigte in der Stadt Hundeschläger, welche die streunenden Vierbeiner zu Hunderten erschlugen. Zudem gebot man den Menschen, den einen Bach rein zu halten, den anderen für das Abwasser zu verwenden und besonders problematische

Abfälle wie Gedärme oder Mist gesondert zu entsorgen. Trotz dieser Verordnungen befielen Epidemien auch die Stadt an der Pegnitz.

Trotz (oder wegen) seiner Allgegenwart störte der Schmutz die Menschen. Sprichwörtlich ist die mittelalterliche Freude am Baden: »Wer gut gebadet und gebetet hat, hat es selten bereut«, lautet ein zeitgenössischer Sinnspruch. Badehäuser boten Heißwasser- und Schwitzbäder an, und es gibt Hinweise, dass ein Besuch alle zwei Wochen für normal erachtet wurde. Der Bader verfügte dabei in der Regel über weitergehende Kenntnisse, welche die Körper- und Wundpflege einschloss. Das gemeinsame Bad war ein gesellschaftlicher Akt und eine Trennung nach Geschlechtern keinesfalls die Regel. Allerdings war der Übergang zwischen Badehaus und Bordell fließend, ohne dass die Anwesenheit einer Frau im Bad automatisch ihre Käuflichkeit bedeutete. Wo die Schamgrenzen lagen, ist dabei Gegenstand kulturwissenschaftlicher Diskussion. In Rechnung zu stellen ist, dass sich schon damals Bräuche regional unterschieden. Der italienische Humanist Gianfrancesco Poggio Bracciolini etwa zeigte sich überrascht und angewidert, als er 1416 die gemeinsamen Planschspäße von Männern und Frauen in Basel und Baden in der Schweiz beobachtete. Besonders erschütterte ihn dabei, dass unbekleidete Geistliche daran beteiligt waren.

Krankheiten

Der mittelalterliche Mensch wusste, dass Städte den Krankheiten ideale Brutstätten boten. Mancher suchte bei Massenepidemien sein Heil in der Flucht; berühmt ist die Rahmenerzählung von Giovanni Boccaccios *Decamerone*, in der zehn junge Menschen auf dem Land das Abklingen der Pest in Florenz abwarten und sich die Zeit mit dem Erzählen von Geschichten vertreiben. Dennoch blieb die Stadt stets attraktiv. Bevölkerungsdezimierungen in Folge von Seuchenzügen wurden regelmäßig von der zuströmenden Landbevölkerung aufgefangen.

Trotz intensiver Forschung ist es schwierig, verheerende mittelalterliche Krankheiten im Nachhinein medizinisch genau zu bestimmen. Die überlieferten Berichte geben nicht die Informationen, die wir für eine Diagnose heute benötigen würden (*Quelle 21*). Außerdem wandeln sich Krankheiten: Mikroben können mutieren, Symptome sich über die Jahre verändern, Resistenzen entwickelt werden. Erst vor kurzem bestätigten Genuntersuchungen nach Jahrzehnten der Diskussion, dass es sich beim Pestbazillus tatsächlich um den Auslöser der Sterbewelle des 14. Jahrhunderts handelte. 1347 von Asien her kommend, hatte sich die Große Pest innerhalb von vier Jahren über weite Teile des europäischen Kontinents ausgebreitet und gut jeden Dritten dahingerafft. Auch in den kommenden Jahrhunderten sollten Pestzüge zahllose Menschenleben fordern.

So verheerend die Folgen der Beulen- und Lungenpest mit ihrem nach wenigen Tagen oder auch nur Stunden eintretenden Tod waren, bilden sie doch Ausnahmeerscheinungen, wenn auch regelmäßig wiederkehrende. Alltäglicher war der Tod durch Husten und Fieber (Grippe und ähnliche Infekte) oder die ›Ruhr‹ (Dysenterie), ein Sammelbegriff für die vielen Durchfallerkrankungen, die vor allem eine Folge der Verunreinigung des Wassers waren. Die überlebensnotwendige Nahrungsaufnahme stellte eine stete Bedrohung dar. Im Getreide lauerte z. B. das ›Mutterkorn‹, ein Pilz, der Halluzinationen, Krämpfe, das Absterben von Gliedmaßen und letztlich den Tod verursachte (›Antoniusfeuer‹). Bedrohten diese Krankheiten bereits in glücklichen Zeiten die Gesundheit, forderten schlechte Witterung, Hungersnöte oder andere die Körper schwächende Faktoren noch einmal ihren zusätzlichen Tribut.

Kinder traf dies besonders. Die Rate der Kindersterblichkeit war hoch (*Quelle 21*).

Weitere Krankheiten, die angesichts von Impfstoffen und Antibiotika in heutigen Industrieländern allenfalls noch dem Namen nach bekannt sind, plagten die Menschen: Pocken, Wundstarrkrampf, Masern, Tollwut und Blutvergiftungen stellten eine ungleich größere Gefahr dar als heute. Die Lepra entstellte die Menschen; der sich langsam hinziehende Krankheitsverlauf und die grässlichen Verstümmelungen sorgten für großen Schrecken, obwohl andere Erkrankungen verbreiteter waren. Wurde bei mutmaßlich Betroffenen die Lepra diagnostiziert, folgte der Ausschluss aus der (städtischen) Gemeinschaft (*Quelle 10*). Allerdings hielten viele Städte außerhalb ihrer Mauern Häuser vor, in denen die Betroffenen wie in einer Klosterbruderschaft zusammenleben konnten und zumindest ihr Auskommen hatten.

Die Medizin kannte die lindernde Wirkung mancher Arznei, scheiterte aber oft an fehlenden Grundkenntnissen über Körperfunktionen. Selbst an den berühmtesten medizinischen Hochschulen wie Montpellier oder Salerno vertraute man auf die antike Säftelehre, nach der Blut, Schleim, gelbe und schwarze Galle nur in einem ausgewogenen Mischungsverhältnis stehen müssten, damit der Körper gesund bleibe. Erkrankungen wurden mit einem Ungleichgewicht der Säfte erklärt. In der Diagnose folgte man der Urinschau, während das künstlich herbeigeführte Bluten (›Aderlassen‹) die Therapie der Wahl war. Universitär ausgebildete Ärzte gab es jedoch ohnedies nur wenige – heilkundige Frauen und Wundärzte versuchten sich gleichfalls in der Therapie. Im Spital war das gemeinschaftliche Beten wichtiger als eine systematische Heilung. Überhaupt dienten Spitäler, die von den Städten flächendeckend betrieben wurden, weitaus vielfältigeren Zwecken als heute, etwa in der Funktion als Heim für pflegebedürftige Alte.

Bildung

In der weitgehend städtelosen Phase des Frühmittelalters hatten Kathedral- und Klosterschulen die Rolle als Vermittler von Wissen und intellektuellen Fertigkeiten inne. Als Buchreligion benötigte das Christentum selbst unter widrigsten Umständen eine Mindestzahl ausgebildeter Spezialisten, die lesen und Messen feiern konnten. Lange blieb die Kirche damit die einzige Institution, die eine in Ansätzen formale Bildung vermitteln konnte.

Wie oben gezeigt, entstanden die frühesten und bedeutendsten Städte in Mitteleuropa an Bischofssitzen. Dass Kathedralorte typischerweise über eine Schule verfügten, ließ die Bistumsstädte auch zu Zentren der Bildung werden. Die sich heute in Deutschland zu den ältesten zählenden Schulen wie das Gymnasium Josephinum in Hildesheim, das Gymnasium Carolinum in Osnabrück oder das Gymnasium Paulinum in Münster führen ihre Geschichte auf eine ebensolche frühere Domschule zurück. Mit diesen Einrichtungen boten Bistumsstädte auch dem nicht der Geistlichkeit angehörenden Nachwuchs der städtischen Führungsschichten eine Möglichkeit, schulisch unterwiesen zu werden.

Mit dem weiteren Aufstreben der Städte entstand ein größerer Bedarf an Bildung. Die Weitergabe von Erfahrungswissen, wie es in einer Lehre erworben wurde, genügte allein nicht mehr: Ein komplexer werdendes Wirtschaftssystem erforderte solide Kenntnisse im Schreiben und Rechnen, die am besten in Schulen zu erwerben waren. Pfarrschulen, die Anfangsbildung vermittelten, gab es im Mittelalter zwar auch auf dem Land, doch boten jene in den Städten deutlich bessere Bildungsmöglichkeiten. Hier traf man überdies auf die *Studia*, Lehranstalten der seit dem 13. Jahrhundert in den Städten wirkenden Bettelorden. Mit dem Aufstieg der Städte waren die Stadträte gegen den

Widerstand der Geistlichkeit bestrebt, Einfluss auf das Schulwesen zu nehmen und neue Schulen zu gründen (*Quelle 7*). In diesen wurde fortan nicht mehr nur in Latein, sondern auch in Deutsch unterrichtet. Das nicht nur im Adel, sondern gerade auch unter Städtern verbreitete Gefühl, gegenüber der Landbevölkerung einen Bildungsvorsprung zu besitzen, drückt sich in den zahlreichen zeitgenössischen Sprichwörtern aus, die den Bauern als dumm, unwissend und ungelehrig schmähen.

Seit ihrem Aufkommen waren Universitäten ein städtisches Phänomen. Nach Paris und Bologna gingen Studenten aus Mitteleuropa schon im Hochmittelalter. Mit der Übernahme dieser neuen höheren Bildungseinrichtungen in das deutschsprachige Gebiet seit dem 14. Jahrhundert wurden Universitäten für gewöhnlich in Städten begründet (Heidelberg, Leipzig, Erfurt und Rostock, um nur einige zu nennen). Ebenso stammten viele der Studenten aus dem Kreis der städtischen Bürgerschaften. Vielfach stifteten Bürger Stipendien, um auch mittellosen Stadtsöhnen das Studium zu ermöglichen.

II Kontroversen

1 Definitionen des Stadtbegriffs

Wie eingangs gezeigt, fällt angesichts der Vielfalt und Unterschiedlichkeit stadtartiger Siedlungen im Mittelalter eine genaue Definition des Begriffs ›Stadt‹ für diese Epoche schwer. Unleugbar ist, dass Köln, Soest oder Nördlingen im Mittelalter Städte waren, aber wie steht es mit Delmenhorst, Harpstedt oder Annaberg? Als unstrittig festgehalten wurde lediglich, dass bei einer ›Stadt‹ eine im Verhältnis zum Umland verdichtete Besiedlung vorliegt und sie zentrale Funktionen an einem Ort bündelt. Darüber hinausgehende Kriterien dagegen erweisen sich bei näherem Hinsehen als unscharf: Zwar galt als wichtiges Merkmal einer Stadt schon im Mittelalter die Existenz einer Mauer, doch gibt es einerseits mittelalterliche Städte ohne ein Befestigungswerk und andererseits ummauerte Dörfer. Ähnlich verhält es sich mit dem autonomen Rechtsstatus, dessen sich die Städte rühmten. Denn zahlreiche ländliche Siedlungen erlangten ebenfalls das Recht auf genossenschaftliche Selbstverwaltung und für ihre Bewohner ähnliche Freiheitsrechte wie Stadtbürger. Zudem gab es Regionen Europas, die städtische Freiheiten kaum kannten.

Ebenso wenig liefert die Größe einer Siedlung ein klares Abgrenzungsmerkmal. Die Hektarzahl mag einen groben Anhaltspunkt geben, aber vielfach blieben Flächen innerhalb einer Ummauerung unbesiedelt. Keinesfalls kann mit Blick auf das Fehlen exakter Daten nur die Einwohnerzahl herangezogen werden. Denn eine Reihe großer Dörfer scheint mehr Menschen eine Behausung geboten zu haben als manch eine kleine autonome Siedlung, die uns nach Rechtsgestalt und Bevölkerungsstruktur städtisch erscheint.

Anstatt sich bei der Definition auf ein einzelnes entscheidendes Kriterium zu stützen, arbeitet man heute in der Regel mit Kriterienbündeln und ›Idealtypen‹. Ein Idealtypus fasst die typischen Merkmale vielfach auftretender ähnlicher, aber sich untereinander leicht voneinander unterscheidender Erscheinungen in einem Idealmodell zusammen. Nicht alle Merkmale müssen bei jedem Einzelbeispiel erfüllt sein, zudem können die Merkmale in unterschiedlicher Ausprägung auftreten. Mithilfe von Idealtypen lassen sich Übergangsphänomene und langfristige Entwicklungen erschließen. Rechtliche, siedlungsgeographische und ökonomische Argumente ergänzen sich, statt sich gegenseitig auszuschließen. Neue Gesichtspunkte wie die Bedeutung von Stadtkultur und stadtspezifischer Mentalität können berücksichtigt werden.

Der Soziologe Max Weber, der den Begriff prägte, beschrieb selbst mithilfe von Idealtypen die universell auftretende Erscheinung ›Stadt‹. Er fügte wirtschaftliche, soziale und politische Aspekte zu einem Gesamtbild zusammen: In wirtschaftlicher Hinsicht liege städtischen Lebensformen die Arbeitsteilung zugrunde: In einer Stadt versammelten sich Spezialisten, die nicht von der Produktion landwirtschaftlicher Erzeugnisse, sondern von Handwerk und Handel lebten. Damit es zu einem regen Gütertausch komme, brauche es unterschiedliche Gewerbe; zudem bedürfe es eines Ortes, an dem die nicht oder nur teilweise von der Landwirtschaft lebende Bevölkerung ihren täglichen Bedarf an Lebensmitteln deckt und der gleichzeitig Absatzmöglichkeiten für die in der Stadt erzeugten oder aus weiterer Entfernung gehandelten Produkte eröffnet. Ebendies leistet ein Markt.

Ergänzt wird die ökonomische Bestimmung des Stadtbegriffs bei Weber um ein politisch-administratives Merkmal: die rechtliche Sonderstellung ihrer Bewohner, also die Existenz von nur für sie geltenden Regeln, die zumeist von einem militärisch mächtigen, das Gemeinwesen schützenden Herrscher festgesetzt würden. Die europäisch-christliche Stadt des Mittelalters hob sich demnach von Stadtformen in anderen Zeiten und Weltregionen dadurch ab, dass sich in ihr eine weithin unabhängige, als Verband organisierte Stadt-›Gemeinde‹ gebildet habe, für die nicht nur der gewerbliche Charakter, die Befestigung und der Markt, sondern darüber hinaus zumindest zum Teil selbst gesetztes und gefundenes Recht (›Autonomie‹) sowie selbst bestimmte Verwaltungseinrichtungen (›Autokephalie‹) kennzeichnend gewesen seien.

Erhellend für das Mittelalter ist, dass Weber stets neben den Produzenten auch den Konsumenten Bedeutung zusprach – den oft impulsgebenden Fürsten- oder Bischofshöfen, den am Zentralort mit Aufgaben der Seelsorge oder der Verwaltung betrauten Funktionsträgern und nicht zuletzt in zunehmender Zahl den Handwerkern und Händlern selbst, die ihre Profite wieder in den Wirtschaftskreislauf einbrachten. Gut fassen lassen sich durch die idealtypische Form der Begriffsbestimmung weiterhin die vielfältigen Aushandlungsprozesse zwischen geistlichen und weltlichen Stadtherren, ihren vermehrt eigene Wege gehenden Dienstleuten (also der ›Ministerialität‹) und den Kaufleute- und Handwerkersippen um die Verteilung von Macht und Verantwortung innerhalb der Städte. Ebenso lässt sich auf diese Weise die allmähliche Entwicklung des Zusammenspiels von Markt und Herrschaft begreifen. Denn das Modell zeigt auf, wieso Herrschende selbst daran interessiert sein konnten, ihre Vorrechte aufzugeben, wenn sie über den Umweg von Steuern oder Pauschalabgaben vom allgemein gesteigerten Wirtschaftsleben profitierten. Auch Ausnahmen von der Regel lässt es zu: Weber selbst verwies darauf, dass das europäische Mittelalter zahlreiche Ackerbürgerstädte gekannt habe. Anstatt nun aber jene Orte, in denen die Bewohner zu einem erheblichen Teil von der Landwirtschaft lebten, die aber ansonsten die stadtprägenden Merkmale erfüllen, von einer imaginären Städteliste zu tilgen, ermöglicht die idealtypische Sichtweise gerade, die Eigenart dieser Städtegruppe begrifflich zu fassen!

2 Kontroversen zur Entwicklung der mittelalterlichen Stadt und ihrer Freiheiten

Seitdem die Geschichtswissenschaft mittelalterliche Städte erforscht, fragt sie nach den Gründen für deren Entstehung. Warum bildeten sich in den zweihundert Jahren zwischen der Mitte des 11. und der Mitte des 13. Jahrhunderts an vielen Stellen Europas ähnliche städtische Siedlungsformen aus? Wie konnten sich bei unterschiedlichen Rahmenbedingungen vielerorts Gemeinwesen entwickeln, die mehr oder weniger unabhängig von geistlichen oder weltlichen Fürsten auftraten, die sich weitgehend selbst verwalteten und die mit eigenen Führungs- und Verwaltungseinrichtungen Regeln für ihre Bewohnerschaft festsetzen konnten?

Bis heute konkurrieren mehrere Erklärungsansätze miteinander. Zu unterscheiden ist zwischen (a) Modellen, die erklären wollen, wie es überhaupt zur Entstehung größerer Siedlungen städtischer Prägung kam, (b) Modellen, die nach Gründen fahnden, deretwegen sich Stadtbewohner besonderer Rechte erfreuten, und (c) Modellen, die beide Aspekte miteinander verknüpfen wollen.

Das Entstehen der Städte erklären stärker materialistische Positionen vornehmlich mit einer wirtschaftlichen Entwicklungslogik: Wo sich Wohlstand anhäufe, folgten entsprechende Siedlungs- und Rechtsformen zwangsläufig, und hätten sie noch so viele Widerstände zu überwinden. Intensiv begutachtet wird in diesem Fall die allgemeine ökonomische Entwicklung. Eher idealistische bzw. geistesgeschichtliche Positionen führen dagegen die allmähliche Ausbildung leitender Vorstellungen ins Feld. Dieses Vorgehen lädt zu scharfen Auseinandersetzungen zwischen unterschiedlichen Vertretern dieser Richtung ein, sobald ein Zusammenhang zwischen einer älteren und einer jüngeren Erscheinung belegt werden soll.

Beispiele für solche Kontroversen bietet die Stadtgeschichtsforschung zuhauf, und zwar vor allem dort, wo es um die Entwicklung der städtischen Freiheiten geht. Dass sie ausgerechnet an diesem Punkt lange heftig geführt wurden, hängt mit der politischen Bedeutung der Thematik zusammen. Bereits im 19. Jahrhundert war die Bürgerfreiheit ein Zankapfel der Forschung, weil die Geschichte hier als Argument in die großen politischen Debatten der Zeit eingeführt wurde. Wer politisch dem monarchistischen oder konservativen Lager angehörte, neigte dazu, auf Kontinuitäten zu setzen und das herrschaftliche Element besonders zu gewichten. Vertreter des liberal-progressiven und erst recht des sozialistischen Lagers verwiesen stattdessen energisch auf das mutmaßliche Freiheitsstreben mittelalterlicher Stadtbürger.

Die politische Grundüberzeugung der Historiker prägte zugleich die allgemeine Einschätzung, ob man sich die Entwicklung evolutionär oder revolutionär vorzustellen hat. Die Diskussionen wirken bis heute nach: Ist der Zugewinn an Freiheit das Ergebnis eines langwierigen Prozesses oder hat eine Gruppe (die ›Bürger‹) einer anderen (den ›Herren‹) in dramatischen, gewalttätigen Ausbrüchen bessere Bedingungen abgetrotzt? Die einen betonen die oft einvernehmliche Zusammenarbeit zwischen Stadtherren und Stadtbevölkerung sowie das absichtsvolle Erteilen von Privilegien ›von oben‹. Die anderen verweisen dagegen auf die zahlreichen Aufstände und die in den Quellen zu greifende Abscheu der Herrschenden – bzw. der in ihrem Sinne schreibenden Chronisten – gegenüber dem Freiheitsdrang von Städtern.

Im Zuge dieser Diskussionen wurde eine ganze Reihe pauschaler Erklärungsversuche entwickelt, die jeweils bestimmte Aspekte in den Vordergrund rücken: Gab es im Mittelalter ein übergreifendes genossenschaftliches Prinzip, das ein Gegengewicht zum herrschaftlichen Prinzip darstellte? Gehen jüngere Stadtrechte auf ältere Rechte einer mutmaßlich freien Kaufmannschaft zurück? Beruhte das Selbstbewusstsein und Selbstvertrauen der Bürger auf einer allgemeinen wachsenden Bedeutung des eigenen Urteilens gerade auch in Fragen des Glaubens? Mündete ein von Geistlichen, Fürsten und Volk geteilter Wunsch, Gewaltexzessen mit gemeinschaftlichem Zwang zu begegnen, in die Entschlossenheit einer Bürgerschaft ein, einen Frieden mit Macht durchzusetzen, selbst wenn der Stadtherr nicht mit im Boot saß? Die aktuelle Stadtgeschichtsforschung erkennt zwar den Erklärungswert dieser Überlegungen, neigt jedoch derzeit dazu, davon abzurücken, eine mangelnde Datengrundlage durch immer neue Theoriegebäude zu ersetzen. Stattdessen interessiert man sich mehr dafür, wie die jeweiligen Faktoren zusammengespielt haben mögen.

3 Kontroversen zur Bedeutung innerstädtischer Konflikte

Besonders kontrovers wurden seit Beginn der Erforschung der mittelalterlichen Stadtgeschichte die innerstädtischen Konflikte diskutiert. Unumstritten ist, dass es den Handwerkervereinigungen in vielen spätmittelalterlichen Städten gelang, sich eine Beteiligung an der Regierung der Stadt zu sichern. Indes wurden diese Veränderungen der Machtverhältnisse von der Forschung in ähnlicher Weise gegenwartsbezogen in Bezug auf die politischen Auseinandersetzungen des 19. und 20. Jahrhunderts gedeutet wie die Entstehung selbstbestimmter und selbstregierter Gemeinden überhaupt. Schon im 19. Jahrhundert wollten manche im Streben der Zünfte nach politischer Beteiligung eine natürliche Fortsetzung des Aufbegehrens eines nach Freiheit drängenden Bürgertums sehen. Demnach habe sich das Ringen mit einem feudalen Stadtherrscher als Kampf einer gewerbefleißigen Bürgerschaft gegen jene fortgesetzt, die eine adelsgleiche Position innerhalb der Städte beansprucht hätten oder gar selbst Bürger von Adel gewesen seien. Ebenso sah die streng materialistisch argumentierende und sich auf Karl Marx berufende Geschichtsforschung in der DDR die Konflikte als – in ihrer Sicht zwangsläufige – historische Fortentwicklung. Ganz so einfach macht man es sich schon lange nicht mehr. Doch sollte man sich nicht der Illusion hingeben, heute hätten politische Grundausrichtungen keinen Einfluss auf das Bild, das wir uns von der Vergangenheit machen.

Jüngere Untersuchungen konnten zeigen, dass vom »Arm und Reich«, mit dem in Quellen die Stadtbevölkerung als ganze umschrieben wird, nicht unmittelbar auf die wirtschaftliche Lage der Konfliktparteien geschlossen werden kann. Es wäre also vereinfachend, von einer Revolution der weniger Begüterten gegen die Reichen zu sprechen. Denn inzwischen ist deutlich geworden, dass die Parteien sich im Einzelfall keinesfalls eindeutig entlang gesellschaftlicher Gruppen (z. B. Zünfte – Patriziat) bildeten. Außerdem handelte es sich bei den führenden Gestalten der Zünfte oft keinesfalls mehr um einfache Handwerker, sondern um erfolgreiche neue Unternehmer, denen die alten Eliten den sozialen Aufstieg verwehrten (s. o. S. 67 f., 112).

4 Zünfte im Blick der Forschung

Über die Frage seiner Beteiligung an der Stadtführung hinaus war und ist das mittelalterliche Zunftwesen Gegenstand weiterer Forschungskontroversen. Unterschiedlich wurde lange

Zeit seine Bedeutung für die mittelalterliche Wirtschaft bewertet: Liberalistisch gesinnte Wirtschaftshistoriker warfen ihm Stumpfsinn und die Unterdrückung eines freien unternehmerischen Geistes vor, während andere dies weniger stark gewichteten und Handwerksgenossenschaften eher im Lichte des modernen Sozialstaats betrachteten. Verwiesen die einen auf Mechanismen der Marktregulierung und ein enges Korsett von Vorschriften, bestritten andere die Steifheit zünftischer Politik. Ebenso war die Herkunft der Zünfte umstritten. Während einige Forscher in ihnen freie Zusammenschlüsse erkennen wollten, betonten andere die Rolle der Stadtherren bei der Organisation der Gewerbe. In der Diskussion spiegelt sich der allgemeine Streit wider zwischen jenen, die den Aufstieg der Städte vornehmlich auf herrschaftliche Impulse, und jenen, die ihn auf genossenschaftliche Vereinigungen von Bürgern zurückführen wollen. Inzwischen hat man erkannt, dass in einer frühen Phase starke, mit Dienstpflichten verbundene Bindungen von Handwerkern an ihre Herren existierten. Doch ebenso deutlich wird, dass diese Bindungen mehr und mehr in den Hintergrund traten. Immer wichtiger wurde es auch für die Handwerkerschaft einer Stadt, am Recht der sich entfaltenden Stadtgemeinde teilzuhaben und als Teil von dieser zu gelten.

5 Veränderte Forschungsinteressen

Seit mehr als zwei Jahrzehnten fordern einige Historiker, die vielen Tausend Klein- und Kleinststädte stärker zu berücksichtigen, statt immer von neuem die wenigen großen alten Städte als Maßstab jeder Entwicklung zu nehmen. Die Forschung ist dieser Forderung nachgekommen und hat die strategische Rolle der spätmittelalterlichen Gründung von Städten herausstellen können. Man versteht heute deutlich besser, wie Landesherren durch gezielte Gründungen ihre Herrschaft über ein Gebiet festigen konnten. Beispielhaft für einen solchen ›Landesausbau‹ ist die Politik der Landgrafen von Thüringen (und ihrer Nachfolger, der Landgrafen von Hessen), die seit dem späten 12. Jahrhundert mehr als ein Dutzend Städte in Nordhessen gründeten und das Gebiet so gegen die Konkurrenz der Erzbischöfe von Mainz weitgehend für sich sicherten. Die Bürger solcher Kleinstädte verfügten in der Regel nur über beschränkte Freiheitsrechte. Insgesamt blieben diese Orte zu schwach, als dass von ihnen eine ernste Gefahr für die Autorität ihrer Stadtherren hätte ausgehen können.

Am Übergang zur Neuzeit gingen viele Fürsten außerdem dazu über, sich feste Orte als Herrschaftsmittelpunkt zu wählen. Solche kleinen Gründungsstädte eigneten sich vorzüglich dazu, als Residenzen zu dienen. Manch eine einstmals kleine Stadt hatte so Aussichten auf eine glänzende Zukunft – man denke nur an das einst bescheidene Berlin.

Mit der Forderung nach einer Berücksichtigung der Kleinstädte verbunden ist ein größeres Interesse für die Beziehungen zwischen Stadt und Land, welches die jüngere Forschung kennzeichnet. Mehr und mehr treten die zahlreichen Verflechtungen wirtschaftlicher und politischer Art hervor. Heute gilt es, eher die Struktur ganzer Räume zu erfassen, als nur einzelne Städte in den Blick zu nehmen. Wichtig wird dann, wo sich jeweils herrschaftliche, wirtschaftliche, rechtliche und religiöse Aktivitäten verdichteten.

Indessen geht es nicht nur darum, auf welchen Städtetyp sich das historische Interesse richten sollte. In den letzten Jahrzehnten hat die Stadtgeschichtsforschung im Einklang mit der gesamten Geschichtswissenschaft neue Themenfelder erschlossen, die neues Wissen zu Tage fördern und manch scheinbar Bekanntes in einem anderen Licht erscheinen lassen. Bereits im letzten Viertel des 20. Jahrhunderts hat sich ein solches Interesse beispielsweise auf den Alltag der Menschen in der mittelalterlichen Stadt gerichtet. Dies ist als Teil einer größeren Bewegung zu verstehen, Geschichte ›von unten‹ zu schreiben. Ein weiteres Augenmerk gilt dem Schicksal mittelalterlicher Randgruppen. Allerdings fällt es angesichts dürftiger Quellen in beiden Fällen schwer, frühere Verhältnisse zu rekonstruieren. Ähnliches gilt für die Ausgestaltung der Beziehungen zwischen Mann und Frau in der mittelalterlichen Stadt, welche Forschende seit gut drei Jahrzehnten zu erhellen versuchen. Wie man sieht, wirken die Fragen der Gegenwart noch immer auf das ein, was man der Geschichte entlocken möchte. Da kann es nicht verwundern, dass seit einigen Jahren mittelalterliche Migration und Mobilität wie allgemein die interkulturellen Begegnungen Gegenstand der Forschung geworden sind.

Vor dem Hintergrund des Medienwandels und des gegenwärtigen Siegeszugs virtueller Kommunikationsformen zu verstehen sind Anstrengungen, den besonderen spätmittelalterlichen Formen der Kommunikation zwischen den Menschen nachzuspüren. Hierfür musste zunächst erkannt werden, dass Beziehungen zwischen Menschen immer wieder neu begründet werden müssen, Identität immer neu konstruiert werden muss. Dies löste eine Sicht ab, die sich eine Regelung von Sozialbeziehungen nur in Form von ›Gesetzen‹ vorstellen konnte – und zwar selbst dort, wo es keine geschriebenen Gesetze gab oder wo das Niedergeschriebene weniger verbindlich war, als dies in modernen Rechtssystemen der Fall ist. Viel Aufmerksamkeit wurde daraufhin der Frage gewidmet, inwieweit sich Bürger trotz des intensivierten Gebrauchs von Schrift in der Stadt mittels symbolischer Kommunikationsformen miteinander verständigten. Folgt man dieser Forschungsrichtung, kann es wichtiger erscheinen, wer zu welchem Anlass welche Kleidung trug, wer mit wem an einer Tafel speisen durfte und wer welche Herrschaftszeichen zeigen durfte, als was in einem Rechtsbuch niedergelegt war. Wie sahen sich Gemeinschaften selbst und wie wurde diese Sicht verbreitet?

III Quellen

1
Rechtsübertragung an das 997 gegründete Benediktinerkloster Helmarshausen, 30. April 1000

Im Namen der heiligen und unteilbaren Dreifaltigkeit, Otto, durch Gottes Gnade erhabener Kaiser der Römer! Der gesamten Schar unserer jetzigen und zukünftigen Getreuen sei zur Kenntnis gebracht,

1. daß wir auf Fürsprache des Grafen Eckhard, insbesondere aber aufgrund unserer Liebe zum allmächtigen Gott, Haulf, dem ehrwürdigen Abt der heiligen Helmarshausener Kirche, die Vollmacht und Erlaubnis abgetreten, geschenkt und fest übergeben haben, in eben diesem besagten Ort Helmarshausen, gelegen in der Grafschaft des Grafen Dodico im Engerngau, einen Markt zu gestalten, zu besitzen und zu gründen, eine Münze zu errichten und einen Zoll zu erheben, und wir haben beschlossen, daß das gesamte öffentliche Handelsgeschäft versorgt werden müsse.
2. Daher bestimmen wir kraft kaiserlicher Macht, daß alle Kaufleute und alle, die den Markt beschicken und die dort verweilen, auf dem Hin- und Herweg denselben Frieden und dieselbe Rechtsprechung erfahren sollen, wie diejenigen, die Handel in Mainz, Köln und Dortmund ausüben, und daß diejenigen, die sich unterstehen, den dortigen Markt zu stören oder zu beeinträchtigen, denselben Gerichtsbann [wie in Mainz, Köln und Dortmund] zahlen sollen.
3. Diesen Markt mit der schon genannten Handelseinnahme, der Münze, dem Bann und dem Zoll geben wir dem vorgedachten Kloster und seinen Äbten auf ewig zu eigen.

Und damit diese Übereignung sicheren Bestand erhalte, haben wir diese Urkunde eigenhändig bekräftigt und siegeln lassen. Handzeichen Herrn Ottos des Dritten, des unüberwindlichsten erhabenen Kaisers. Kanzler Heribert hat stellvertretend für Erzbischof Willigis gegengezeichnet.

Gegeben am 30. April, im Jahr 1000 der Fleischwerdung des Herrn, im 13. Römerzinsjahr, im sechzehnten Jahr der Königsherrschaft und im vierten Jahr des Kaisertums Ottos III.; verhandelt zu Aachen, Glück und Segen.

D: Hergemöller, S. 91–93. –

2
Lamperts von Hersfeld Bericht über den Aufstand der Wormser Bürger, 1073 (1077–1079)

Als [König Heinrich IV.] in der Nähe von Worms an einen Ort namens Ladenburg gekommen war, wurde er von einer sehr schweren Krankheit befallen und war viele Tage ans Bett gefesselt, sodass seine Feinde sich schon ganz der Hoffnung hingaben, dass der wütende Streit sich ohne Blutvergießen würde beilegen lassen. Aber kaum von seiner Schwäche wieder völlig genesen, eilte er nach Worms. Dort wurde er mit großem Pomp von den Bürgern in die Stadt aufgenommen. Denn diese hatten kurz zuvor, um ihre Ergebenheit gegen ihn noch deutlicher werden zu lassen, die Leute des Bischofs [Adalbert], welche seinen Einzug zu verhindern versuchten, aus der Stadt vertrieben. Und sie hätten den Bischof selbst, wenn er nicht zeitig und in schleuniger Flucht entwischend die Stadt verlassen hätte, ergriffen und ihn dem König in Ketten ausgeliefert. Bei seiner [des Königs] Ankunft also kamen sie ihm bewaffnet und gerüstet entgegen, nicht um Gewalt zu üben, sondern um ihm durch den Anblick ihrer Menge, durch ihre Wehrhaftigkeit, durch die Zahl ihrer kampfbereiten jungen Mannschaft zur Kenntnis zu bringen, wie große Hoffnung er in seinem Missgeschick auf sie setzen sollte. Ihre Dienste versprechen sie ihm willig, verpflichten sich eidlich, erbieten sich die Kosten der Kriegführung ein jeder aus seinem Vermögen nach seinem Anteil darzubringen, und beteuern ihm, dass sie Zeit ihres Lebens für seine Ehre mit Hingabe streiten würden. So gewann der König diese so feste Stadt, und sie war für ihn von nun an das Hauptquartier des Krieges, die Burg des Reichs und, wie auch die Sache ausgehen mochte, der sicherste Zufluchtsort, weil sie sehr volkreich, durch die Festigkeit ihrer Mauern unbezwingbar und mit allen Kriegsmitteln bis zum Überfluss versehen war.

D: Übers. nach: Lampert von Hersfeld, *Jahrbücher*, S. 148 f.

3
Privileg Heinrichs V. für die Speyrer Bürger,
14. August 1111

Allen Christus und uns Getreuen wollen wir jetzt und in Zukunft zu wissen kundtun, daß wir mit Rat und auf Bitte unserer Fürsten, und zwar Erzbischofs Friedrich von Köln, Erzbischofs Bruno von Trier, Bischofs Bruno von Speyer, Bischofs Kuno von Straßburg, Bischofs Ulrich von Konstanz, Bischofs Otto von Bamberg, Bischofs Burkhard von Münster und Bischofs Hermann von Augsburg sowie Herzogs Friedrich [von Schwaben] und der Grafen Gottfried von Calw, Friedrich von Zollern, Hartmann von Dillingen, Berengar von Sulzbach, Gerhard von Geldern, Heinrich, Dodo, Stephan, Gerung und Walther, zum Seelenheil unseres lieben Vaters, Kaisers Heinrich glücklichen Gedenkens, am Tage seiner Beisetzung alle, die jetzt in der Stadt Speyer wohnen oder die in Zukunft dort wohnen wollen, woher sie auch immer kommen oder wes Standes sie auch sein mögen, einschließlich ihrer Erben einer äußerst üblen und schändlichen Bestimmung entrissen haben, nämlich der Abgabe (für verstorbene Männer), die volkssprachlich Buteil genannt wird und durch welche die ganze Stadt in unvorstellbare Armut hinabgezogen wurde – zugleich haben wir auch untersagt, daß irgendeine höhere oder niedere Instanz, sei es der Vogt oder auch ihr geborener Herr, sich unterstehe, etwas als Todesfallabgabe (für verstorbene Frauen) einzuziehen, wenn eine von ihnen stirbt; und wir haben mit Zustimmung des Speyrer Bischofs Bruno, der persönlich auf dem Lettner stand, zugestanden und bekräftigt, daß alle [Bewohner] die freie Befugnis haben sollen, [ihre Habe] ihren Erben zu vermachen oder als Seelgerät auszusetzen oder zu schenken, wem sie wollen; allerdings nicht, ohne die Bedingung damit zu verknüpfen, daß sie sich alle zum Jahresgedächtnis unseres Vaters feierlich zu den Nachtgottesdiensten und zur Tagesmesse versammeln, Kerzen in den Händen tragen und von jedem Haus ein Brot als Almosen abgeben, das den Armen zugewandt werden soll.

Damit aber diese unsere Vergünstigung und Bestätigung für die gesamte Weltenzeit fest und unverbrüchlich in Geltung bleibe und damit sich kein Kaiser, König, Bischof, Graf oder keine sonstige höhere oder niedere Macht diese zu beeinträchtigen erkühne, soll diese besondere Rechtsverleihung zu ewigem Gedächtnis in einem dauerhaften Material, das ihr Festigkeit verleiht, mit goldenen Lettern, die sie glänzen lassen, unter Beifügung unseres Portraits, das ihre Rechtskraft sichert, an der Stirnseite besagter Kirche, an der sie gut sichtbar ist, angebracht werden, und zwar aus den Eigenmitteln unserer Bürger, denen wir hiermit unsere einzigartige liebevolle Zuneigung erzeigen.

Gegeben am 14. August, im 4. Jahr des Römerzinses, im Jahr der Fleischwerdung des Herrn 1111, unter der Königsherrschaft Heinrichs V., im 6. Jahr seiner römischen Königsherrschaft und im ersten Jahr seines Kaisertums. Verhandelt wurde dies glücklich in Christus zu Speyer, unter der Bischofsherrschaft des ehrwürdigen Speyrer Bischofs Bruno.

D: Hergemöller, S. 119–121. –

4
Rekonstruktion des ältesten Freiburger Stadtrechts, 1120

Hiermit sei allen jetzt und in Zukunft kundgetan, daß ich, Konrad, im Jahr der Fleischwerdung des Herrn 1120 auf dem Gebiet meines eigenen Rechtes, und zwar in Freiburg, einen Markt gegründet habe.

1. Nachdem von überall her freie Kaufleute herbeigeholt wurden, habe ich beschlossen, diesen Markt aufgrund einer sogenannten Schwureinung ins Leben zu rufen und auszubauen.

2. Sodann habe ich in dem neu ausgewiesenen Marktbereich jedem einzelnen Kaufmann ein Grundstück zur Errichtung seines Hauses nach eigenem Recht zugewiesen.

3. a. Und ich habe festgelegt, daß mir und meinen Nachkommen von jedem einzelnen Grundstück am Fest des seligen Martin [11. Nov.] ein Schilling gültiger Währung als Jahreszins zu entrichten ist.

3. b. Die Grundstücke sollen jeweils hundert Fuß in der Länge und fünfzig Fuß in der Breite haben.

Im folgenden sei allen kundgetan, daß ich entsprechend ihrer Eingabe und ihren Wünschen die nun folgenden Privilegien erlassen habe. Hierbei schien es mir die beste Lösung, dieselben in Form einer handschriftlichen Urkunde aufsetzen zu lassen, damit sie für lange Zeit in Erinnerung bleiben und damit meine Kaufleute und deren Nachfahren wissen, daß ihnen dieses Privileg von mir und meinen Nachfahren auf ewig (gewährt wurde).

4. So verspreche ich allen, die meinen Markt aufsuchen, Frieden und freies Geleit in meinem Macht- und Herrschaftsbereich. Wenn jemand von ihnen in diesem Gebiet ausgeraubt wird und den Täter namhaft macht, werde ich die Rücküberstellung [des Geraubten] veranlassen oder selbst für den Schaden aufkommen.

5. a. Wenn einer meiner Bürger stirbt, sollen dessen Ehefrau und ihre Kinder alles, was ihr der Ehemann hinterlassen hat, ohne Einschränkung behalten.

5. b. Wenn jemand aber ohne Ehefrau oder ohne Kinder bzw. ohne rechtmäßige Erben stirbt, sollen die 24 Marktgeschworenen alles, was er besessen hat, ein volles Jahr lang in ihrer Obhut und Verwahrung halten, und zwar deshalb, damit jemand, der möglicherweise die Erbschaft aufgrund rechtmäßiger Erbfolge von ihnen einfordern sollte, diese nach seinem Recht in Empfang und in Besitz nehmen kann.

5. c. Sollte sich aber kein Erbe melden, um das aufbewahrte Erbe einzufordern, soll das erste Drittel dem Seelenheil des Verstorbenen [dienen] und für die Armenfürsorge hinterlegt, das zweite Drittel zur Befestigung der Stadt und zur Ausschmückung des Bethauses verwandt werden, und das letzte Drittel soll an den Herzog fallen.

6. Ich erlasse allen Kaufleuten den Zoll.

7. Meinen Bürgern will ich nur solche Vögte und Gemeindepfarrer vorsetzen, die aus Wahlen hervorgehen; und diejenigen, die die Bürger in diese Ämter wählen, sollen von mir bestätigt werden.

8. Wenn eine Auseinandersetzung oder Meinungsverschiedenheit unter meinen Bürgern ausbrechen sollte, soll diese

weder nach meinem Schiedsspruch noch nach dem ihres Vorstehers beigelegt werden; vielmehr soll der Urteilsspruch auf Grundlage des gewohnheitsmäßigen und gewillkürten Rechtes aller Kaufleute, insbesondere aber [des Rechts] der Kölner gefunden werden.

9. (Nur) wenn jemand vom Mangel an lebensnotwendigen Dingen gezwungen wird, darf er seinen Besitz verkaufen, [dann aber] wem er will.

Damit bei meinen Bürgern nicht die Spur eines Zweifels an diesen vorgenannten Versprechungen aufkommen könne, habe ich zusammen mit meinen zwölf angesehensten Ministerialen auf die Reliquien der Heiligen geschworen, daß ich und meine Nachkommen das, was oben ausgeführt ist, erfüllen werden. Und damit ich diesen Schwur nicht anläßlich irgendwelcher Zwangsumstände breche, habe ich dem freien Mann und den Marktgeschworenen mit meiner rechten Hand Treue in dieser Sache gelobt. Amen.

D: Hergemöller, S. 125–129. –

5

Helmold von Bosau über die Wiederbegründung Lübecks 1159 (um 1165)

In jenen Tagen wurde die Stadt Lübeck von einer Feuersbrunst verzehrt. Da schickten die Kaufleute und die anderen Bewohner der Stadt an den Herzog und ließen ihm sagen: »Es währt nun schon lange Zeit, dass der Markt zu Lübeck auf euren Befehl verboten ist. Wir aber sind bisher in der Hoffnung, den Markt durch eure wohlgefällige Gnade wiederzuerlangen, in dieser Stadt geblieben. Auch konnten wir uns nicht entschließen, die mit großen Kosten errichteten Gebäude zu verlassen.

Jetzt aber, da unsere Häuser niedergebrannt sind, wäre es zwecklos, sie an einem Orte, wo kein Markt sein darf, wiederaufzubauen. Gib uns also an einem Ort, der dir gefällt, einen Platz, um eine Stadt zu gründen.« Also bat der Herzog den Grafen Adolf, dass er ihm den Hafen und den Werder in Lübeck abtreten möchte. Dies wollte jener nicht tun. Darauf gründete der Herzog eine neue Stadt auf der anderen Seite des Flusses Wakenitz, nicht weit von Lübeck, im Lande Ratzeburg, und begann sie zu bauen und zu befestigen. Und er nannte sie nach seinem Namen »Löwenstadt«, d. h. die Stadt des Löwen. Da aber dieser Ort – sowohl was den Hafen als auch was die Befestigung betraf – wenig geeignet war und man nur mit kleinen Schiffen dahin gelangen konnte, so begann der Herzog den Grafen Adolf wieder aufzusuchen und die Rede wieder auf den Werder und den Hafen von Lübeck zu bringen, indem er ihm vieles versprach, wenn er seinen Wünschen nachgäbe. Zuletzt tat der Graf, was die Not ihm gebot, und trat ihm die Burg und den Werder ab. Sogleich kehrten auf Geheiß des Herzogs die Kaufleute mit Freuden zurück, die unbequeme neue Stadt verlassend, und begannen die Kirchen und Mauern der Stadt wiederzuerbauen. Der Herzog aber sandte Boten in die Städte und Reiche des Nordens, nach Dänemark, Schweden, Norwegen und Russland, und trug ihnen Frieden an, so dass sie zu seiner Stadt Lübeck freien Zugang hätten. Und er legte daselbst eine Münze und einen Zoll an und verlieh der Stadt die ansehnlichsten Gerechtigkeiten. Seit dieser Zeit gedieh der Betrieb der Stadt immer mehr, und die Zahl ihrer Bewohner wuchs in hohem Grade.

D: Übers. nach: Helmold von Bosau, *Chronik der Slaven*, S. 201 f.

6

Herzog Barnim von Pommern verleiht der Stadt Stettin das Magdeburger Recht und andere Vorrechte, 1243

Im Namen der heiligen und ungeteilten Dreifaltigkeit. Barnim, von Gottes Gnaden Herzog der Pommern, allen, die diese Urkunde einsehen, Heil in dem, der das Heil aller ist. Das, was in der Zeit geschieht, muß, damit es nicht mit der Zeit entgleitet, durch Schriftstücke und Siegeldruck langdauernd gemacht werden.

Daher wollen Wir, es möge bekannt werden, daß Wir Unserer Stadt Stettin dieselbe Rechtsprechung erteilt haben, die es in Magdeburg gibt. Ferner hundert Hufen, und zwar so, daß für jede Hufe ein halber Vierdung [= Geldeinheit] Silber bezahlt wird; auch fügen Wir noch 30 Hufen Weideland hinzu, freien Fischfang ohne Schleppnetz in der Oder, oberhalb der Stadt eine Meile und unterhalb der Stadt eine Meile und überall, wo Wir solche besitzen, die Nutzung Unserer Gehölze. Überall, wo in Unserem Lande das Magdeburger Recht gilt, sollen sie von Stettin ihr Recht holen. Außerdem haben Wir Unseren Bürgern in Stettin zugestanden, daß sie überall in Unserem Lande frei sind vom Zoll und Ungeld für ihre Güter, ausgenommen in Dievenow und in Kolberg, wo sie Zoll und Ungeld in halber Höhe geben sollen. Auch haben Wir der Stadt Wiesen und Grasnutzung jenseits und diesseits der Oder eine Meile weit übereignet, außer dem, was für Unseren und Unserer Vasallen Bedarf nötig ist. Auch nehmen Wir Unsere Wiesen, die Wir gesondert besitzen, für Unsere Nutzung aus. Wir setzen auch fest, daß Uns der Wagenzoll folgendermaßen bezahlt wird: für ein Pferd sollen vier Pfennig bezahlt werden von denen, die gehalten sind, sie zu geben; ebenso wird auch das Ungeld bezahlt: von drei Wispel [=großes Raummaß] je Fuhre ein halber Vierdung. Damit aber der (Schultheiß) dieser

Stadt nicht von Uns, Unseren Erben oder Unseren Nachfolgern Nachteil, Schaden oder Gewalt erleide, setzen Wir für ihn fest, daß das Magdeburger Recht streng beachtet werden soll.

Damit aber diese Unsere Verfügung rechtsgültig und unantastbar ist, haben Wir diese Urkunde schreiben und durch Anhängen Unseres Siegels bestätigen lassen. Zeugen dafür sind: Johannes von Berlin, Unser Marschall, Dietrich von Bertecow, Albert von Insleben, Gerhard von Uchtenhagen, Frowin von Drensen, Gozwin von Stettin, Unsere Ritter und Vasallen. Stephan Schütz, Johannes Span, Albert von Brandenburg, Heinrich von Magdeburg, Lambert von Sandow, Albert von Sparrenfelde, Heinrich von Guben, Gerhard Krämer, Gerhard von Dömitz. Gegeben in Stettin, im Jahre des Herrn 1243, am 5. April.

D: Helbig/Weinrich, S. 326–329. –

7
Päpstliche Erlaubnis zur Gründung einer Elementarschule in Breslau, 12. Februar 1267

Bruder Guido, durch Gottes Erbarmen Kardinalpriester von San Lorenzo in Lucina, Legat des Apostolischen Stuhls, seinen in Christus geliebten Söhnen, den Ratsleuten und allen Bürgern zu Breslau, Heil im Herrn.

Zu Unserm Amt gehört, daß Wir Uns um Ruhe und Frieden all Unserer Untertanen und besonders Ergebenen bemühen und sie vor Schaden bewahren sollen, soviel Wir mit Gott und Recht vermögen. Ihr habt nun in Unserer Gegenwart vorgebracht, daß eure Kinder, vor allem die kleineren, wenn sie die Schule außerhalb der Breslauer Stadtmauern besuchen, auf dem Schulweg viele Unannehmlichkeiten und Nachteile hinnehmen müssen, nicht ohne Gefahr für Leib und Leben, zum einen wegen der weiten Entfernungen und der schwierigen Wege und Zugänge, die auf engen und schadhaften Brücken über den Fluß führen, zum andern auch wegen der vielen Menschen, Wagen und Pferde, die in großer Zahl und unablässig auf den genannten Brücken und Wegen verkehren. Deshalb habt ihr Uns demütig gebeten, Wir möchten in väterlicher Sorge für euch und eure kleinen Knaben auf künftig Vorkehrungen treffen und ein heilsames Mittel gegen jene Beschwerlichkeiten anwenden. Wir haben also, euren ergebenen Bitten günstig geneigt, in dieser Sache ausdrücklich um die Zustimmung des hochwürdigen Vaters Thomas, des Breslauer Bischofs, des Dekans Nikolaus, des Scholasters Gerlaus und des ganzen Breslauer Domkapitels, also um die Zustimmung derer, die die Angelegenheit betraf, nachgesucht und sie auch voll erhalten; mit ihnen – Bischof, Dekan, Scholaster und Kapitel zu Breslau – haben Wir Uns für folgende Regelung entschieden: Innerhalb der Mauern der Stadt Breslau darf eine Schule bei der St.-Maria-Magdalenen-Kirche errichtet werden, in der kleine Knaben unterrichtet werden sollen und das [lateinische] Alphabet mit dem Vaterunser, das Ave-Maria mit dem Glaubensbekenntnis, dem Psalter und den sieben Psalmen lernen sollen; sie sollen dort auch den Gesang lernen, damit sie in den Kirchen zur Ehre Gottes lesen und singen können. Auch sollen sie auf dieser Schule den Donat, Cato und Theodul sowie die »Regulae pueriles« hören. Wenn die genannten Knaben aber aus weiterführenden Büchern unterrichtet werden wollen, mögen sie zur Schule bei St. Johann in der Breslauer Burg überwechseln oder wohin sie sonst wollen und es ihnen zweckmäßig erscheint; dies aber wollen Wir durchaus eingehalten wissen: Der jeweilige Scholaster der Kathedralkirche soll der genannten städtischen Schule einen fähigen und für die Knaben geeigneten Rektor vorsetzen und ihn einstellen.

Niemandem soll es erlaubt sein, diese Urkunde über Unsere Verordnung, Gewährung und Verfügung zu verletzen oder ihr in dreister Verwegenheit zuwiderzuhandeln. Wenn aber jemand den Versuch dazu unternimmt, so mag er wissen, daß er der Ungnade des allmächtigen Gottes und seiner seligen Apostel Petrus und Paulus verfallen wird. Gegeben in Breslau, am 12. Februar, im zweiten Jahr des Pontifikats des Herrn Papstes Clemens IV.

D: Möncke, S. 91–93. –

8
Geistlichen werden in der Stadt Fritzlar Sonderrechte zugestanden, 1301

Im Namen der heiligen und ungeteilten Dreifaltigkeit. Amen. Damit die Taten gegenwärtiger Menschen nicht bei den zukünftigen in Vergessenheit geraten, ist es besser, daß sie durch das Andenken, das ihnen Schrift und Zeugen verleihen, verewigt werden.

Daher wollen wir, Schultheiß, Schöffen, Ratsleute und die übrigen Bürger der Stadt Fritzlar, es möchten alle, die diese Urkunde einsehen werden, wissen, daß wir in Rücksicht auf die Freundschaft und das Wohlwollen, das wir den ehrwürdigen Ordensherren, dem Komtur und den Brüdern des Deutschen Hauses bei Marburg, entgegenbringen, geflissentlich und in allgemeiner Übereinstimmung, zum Vorteil besagter Brüder das nachstehende, von uns unverbrüchlich einzuhaltende Privileg gewähren: Haus, Hof und Hofstatt der genannten Brüder in der Fleminggasse – in der jetzt bestehenden Ausdehnung, zwischen dem Hof des Konrad Walpurgis auf der einen und dem Haus des Arnold, genannt Mönch von Heida, auf der anderen Seite – und auch die Brüder selbst, sei es, daß sie den Hof in eigener Person bewohnen wollen, ihn mit irgendwelchen Personen besetzen werden, oder wer in ihrem Namen darin wohnen wird, ihr Gesinde und ihre Habe sollen von Wacht[geld], Mauerwacht, Steuern, Diensten und jeglichen Abgaben frei und ledig sein; dabei nehmen wir die oftgenannten Brüder als unsere Mitbürger auf, und wir sind auch willens und versprechen, sie so gut wir können in all ihrer Freiheit vor jedem Angriff und jeder Beschwerde wie unsere anderen Mitbürger zu verteidigen und zu schützen.

Jegliche Güter, die sie etwa in die Stadt einführen, Lebensmittel, Getreide, Korn und alle bewegliche Habe, können sie überdies – ohne irgendwelche Behinderung durch Verbot oder Beschlagnahme unsererseits – zu jeder Zeit und Stunde frei nach ihrem eigenen Ermessen wieder ausführen, es sei denn, äußerste Not wie Einschließung oder Belagerung würde die obengenannte Stadt, was Gott verhüte, drücken. Dann allerdings sollen die genannten Brüder um der Rettung dieser Stadt willen, wenn es um Ausfuhr und Verkauf ihres Getreides geht, nach unserem Ratschlag das tun, was angemessen und freundlich sein mag.

Wenn außerdem die Brüder in ihren obengenannten Hof einen Laien aufnehmen oder eine weltliche Person, die Handelsgeschäfte treiben möchte, so soll diese Person nach ihrem Vermögen bei Bürgersteuern das aufbringen, was ein anderer Bürger aufbringen muß.

Im übrigen sollen die Brüder von Marburg innerhalb der Mauern von Fritzlar und seiner Markung späterhin kein Erbe und keine Liegenschaften mehr erwerben. Wenn aber irgendwelche Liegenschaften oder Erbgüter innerhalb der Mauern oder der Gemarkung von Fritzlar den oftgenannten Brüdern von Marburg testamentarisch vermacht werden, ihnen durch Schenkung zu Lebzeiten oder wie auch immer unentgeltlich übertragen werden, so sollen die Brüder sie binnen Jahresfrist ihrem rechten und üblichen Wert entsprechend an einen Bürger verkaufen. Wenn niemand sie kaufen will, sollen die Brüder von derartigen und auf solche Weise vermachten oder geschenkten Gütern Steuern, Abgaben und Wacht leisten, wie es vorher zu geschehen pflegte.

Zum Zeugnis für all das oben Ausgeführte, zur Erinnerung und ewigen Rechtskraft geben wir den genannten Brüdern diese mit dem Siegel der Stadt Fritzlar bestätigte Urkunde. Verhandelt und gegeben am 28. Mai, im Jahre der Gnade des Herrn 1301.

D: Möncke, S. 143–145. –

9

Eintrag in das Gerichtsbuch der Stadt Bamberg zur Haftung der Familie bei Schulden von Frauen, erstes Drittel 14. Jahrhundert

Es ist auch beschlossen worden, dass man in Zukunft keiner Frau, die einen Ehemann hat, irgendeinen Kredit oder irgendeine Ware ohne Wissen und Zustimmung ihres Ehemanns leihen oder borgen soll. Wer fortan mehr als dies leiht oder borgt, der muss wissen, dass weder ihr Ehemann noch ihre Erben jemandem irgendetwas schuldig sind.

D: Zoepfl, Nr. 96, S. 160. – Übers.: O. Plessow.

10

Eintrag in das Gerichtsbuch der Stadt Bamberg zum Umgang mit Leprakranken, 1330

Im Jahr des Herrn 1330 kamen der Stadtschultheiß, die Ratsherren aus dem Kreis der Bürger und die Schöffen gemeinsam zu dem Beschluss, dass in Zukunft kein Aussätziger die Stadt betreten dürfe, es sei Mann oder Frau. Denjenigen, die dagegen verstoßen, sollen der Büttel des Schultheißen und der Häscher ohne großes Aufheben ausziehen, was sie an Kleidung auf dem Leib trügen. Nur am Sonntag und an allen Feiertagen dürfen sie sich ausnahmsweise vor die Kirchen setzen, bis man [den Schlusschor] singt. Dann müssen sie sofort wieder die Stadt verlassen. Ihre Boten dürfen sie in die Stadt senden, falls diese selbst gesund sind.

D: Zoepfl, Nr. 111a, S. 167. – Übers.: O. Plessow.

11

Der Straßburger Chronist Fritsche Closener über die Judenpogrome, 1349

Als man 1349 Jahre zählte, da wurden die Juden zu Straßburg verbrannt in ihrem Kirchhof [= vor ihrer Synagoge] auf einem hölzernen Gerüst am Tag des heiligen Valentin [14. Februar], der in diesem Jahr auf einen Samstag fiel. Sie wurden auch im selben Jahr in allen Städten am Rhein verbrannt, seien es Freie Städte oder Reichsstädte oder anderer Herren Städte [= Landstädte]. Dies geschah aus diesem Grund: Man warf ihnen vor, sie hätten Brunnen und andere Wasserquellen mit Gift verunreinigt. In etlichen Städten verurteilte man sie dazu, verbrannt zu werden, in etlichen setzten sie die Häuser in Brand, in denen sie wohnten, und verbrannten sich selbst. Da kam man in Straßburg überein, dass für hundert Jahre kein Jude dort wohnen sollte. […] Am Mittwoch schwor man dem [nach einem Umsturz neu gewählten] Rat Treue, am Donnerstag beschwor [die ganze Bevölkerung] im Garten [den Schwörbrief], am Freitag fing man die Juden, deren Zahl man wohl an die 2000 schätzte. Diejenigen, die sich taufen lassen wollte, ließ man leben. Es wurden auch viele junge Kinder gegen den Willen ihrer

Mütter und Väter vom Scheiterhaufen heruntergenommen, die dann getauft wurden. Was man den Juden schuldete, war alles quitt, und alle Pfänder und Schuldbriefe wurden zurückgegeben. Das bare Geld, das sie gehabt hatten, das nahm der Rat an sich und teilte es gleichmäßig unter die Handwerke auf. Dies war dasselbe Gift, das auch die Juden tötete.

D: Hegel, *Die Chroniken der oberrheinischen Städte: Straßburg*, S. 104, 130. – Übers.: O. Plessow.

12
Speyrer Kleiderordnung, 11. November 1356

Wir, der Rat von Speyer, bekennen mit diesem Brief, dass wir großes Gebrechen in den Städten und auf dem Lande bemerkt haben an Hoffart und Übermut, was auch die erste Todsünde war, darin alle Sünden ihre Wurzeln haben. Diese Sünde ist wider Gott und schädlich für die Leute, wie das jetzt wohl allen sichtlich und offenbar ist an den Erdbeben und den großen Plagen, die Land und Leute verderben an Leib und Gut. Nun haben wir mit heiligen Eiden unserer Städte und Bürger Ehre, Nutzen, Frommen und Seligkeit beschworen, dass wir sie vor Schaden und Ungemach behüten wollen, soweit wir können. So haben wir mit Gottes Hilfe und gutem Rat beschlossen, die unten genannten Sachen, die Hoffart und Übermut in sich tragen und stiften, Gott zu Lob und zu Ehren und den Leuten zu Nutz und Frommen zu verbieten. Die Frauen sollen keinen Kranz oder Schleier tragen, den man ›Truseler‹ nennt, mehr als vierfach gewunden, also dass alle die Windungen, ohne die Fransen daran, nicht höher als eines Fingers Breite von der Stirne auftragen. Ihre Zöpfe oder ihr Haar soll keine hinten herabhängen lassen, sondern ihr Haar soll schlicht hochgebunden sein. Aber eine Jungfrau, die noch keinen Mann hat, darf wohl einen Kranz tragen und ihre Zöpfe oder Haarschnüre hinten herabhängen lassen. [...] Keine Frau oder Jungfrau darf einen Männermantel tragen, auch keine geschlitzte Kapuze. Auch soll keine irgendwelches Gold, Silber, Edelsteine oder Perlen an ihren Mänteln, Röcken oder Kapuzen tragen, auch nicht an Bändern, Spangen oder Gürteln. [...] Keine soll an den Kapuzen, Röcken oder Mänteln irgendwelche Buchstaben, Vögel oder andere unanständige Sachen tragen, die aus Seide aufgenäht werden, in keiner Weise ohne jeden Betrug. Den Männern gebieten wir, sie sollen auf den Hüten weder Federn, Rohre oder Schmelzwerk tragen. Auch soll keiner, der nicht Ritter ist, goldene oder silberne Borte oder Bänder um die Kapuze tragen und weder an dieser noch an Röcken und Mänteln, an Gürteln, Taschen, Scheiden und Spitzmessern irgendwelches Gold, Silber oder Perlen. [...] Wer diese Gebote übertritt, es sei Frau oder Mann, die unter unser Gericht gehören, der oder die sollen zwei Pfund Heller an unserer Stadt Bau zahlen, sooft er oder sie es tut. Die Richter sollen die Strafe an Ort und Stelle einziehen und niemanden fahren lassen noch etwas zurückgeben. [...] Hier zu Speyer soll niemand, er sei Gast oder Bürger, an Sonntagen oder gebotenen Feiertagen etwas anderes feilhalten, als was man essen und trinken kann, bei einer Strafe von fünf Schilling Heller an unser Stadt Bau, ausgenommen sind Unser Frauen Geburtstag, wenn Messe ist und solange die währt, und der Kirchweihtag, da mag man ohne Betrug feilhalten, was man mag. Dies wollen wir, der Rat, halten, auch dafür sorgen, dass es festiglich gehalten werde, wie oben geschrieben steht, bis ein Rat zu Speyer es wieder ändere, mindere oder mehre beim Geläut der Glocken auf dem Hof zu Speyer. Gegeben Anno Domini 1356 am Tage des heiligen Bischofs Martin.

D: Zeuß, *Deutsche Trachten um das Jahr 1356*. – Übers. nach: Bühler, S. 382–385.

13
Bericht der Magdeburger Schöppenchronik (etwa 1360–1370) über adelsgleiche Turnierspiele norddeutscher Städte am Ausgang des 13. Jahrhunderts

Um das Jahr 1280 gab es hier noch Konstabler, das waren der reichsten Bürger Kinder. Diese pflegten zu Pfingsten das Spiel zu leiten: den Roland, den Schildekenbaum, die Tafelrunde und andere Spiele, die jetzt die Ratmannen selber leiten. Da war ein Konstabel, der war ein gelehrter Mann mit Namen Bruno von Schönebeck, den baten seine Gesellen, die Konstablen, er solle ihnen ein fröhliches Spiel dichten. Da machte er einen Gral und dichtete höfische Briefe, die er nach Goslar und Hildesheim, nach Braunschweig, Quedlinburg, Halberstadt und anderen Städten sandte. Er lud alle Kaufleute, die Ritterschaft üben wollten, ein, nach Magdeburg zu kommen, sie hätten dort eine schöne Frau Feie [verballhornt aus ›Sophie‹, gemeint ist wohl eine Prostituierte], die sollte man demjenigen geben, der sie durch Tüchtigkeit und Männlichkeit erwerbe. Davon waren alle jungen Leute in den Städten begeistert. Die von Goslar kamen auf Rossen mit schönen Satteldecken, die von Braunschweig waren ganz in Grün gekleidet, hatten auch grüne Satteldecken, und von den anderen Städten hatte auch jede ihre besonderen Farben und Abzeichen. Als die Gäste vor die Stadt Magdeburg kamen, wollten sie nicht einreiten, wenn man sie nicht mit Tjostieren [Lanzenkampf] empfinge. Das geschah denn auch, zwei Konstabler zogen aus, stellten sich den Gästen und empfingen sie mit Speeren. Inzwischen war auf der Marsch [einer Elbinsel] der Gral bereit, und es waren viele Zelte aufgeschlagen. Auf der Marsch war ein Baum aufgerichtet, daran hängten alle Konstabeln, die in dem Gral waren, ihre Schilde. Am anderen Tag, als die Gäste die Messe gehört und gegessen hatten, zogen sie vor den Gral und beschauten den.

Dort durften sie auch, wenn sie wollten, einen Schild berühren, dann kam der Jüngling, dem der Schild gehörte, hervor und stellte sich dem, der den Schild berührt hatte, zum Kampf. Das geschah ihnen allen. Die Frau Feie verdiente schließlich ein alter Kaufmann von Goslar, der nahm das Mädchen mit sich und verheiratete es, er gab ihm so viel Mitgift, dass es sein wildes Leben nicht mehr übte.

D: Koppmann, *Die Chroniken der niedersächsischen Städte: Magdeburg*, S. 168f. – Übers. nach: Bühler, S. 381f.

14
Der Chronist Detmar von Lübeck über den Braunschweiger Aufstand von 1374 (um 1390)

Im Jahre 1374 war in der Stadt Braunschweig der Teufel los und hetzte das Volk gegen den Rat. Ein Teil der Ratsherren wurde totgeschlagen, ein Teil gefangen genommen und geköpft, ein Teil aus der Stadt vertrieben. Wem von den Ratsherren, von ihren Kindern und ihrem Geschlecht es gelang, die Stadt zu verlassen, der war am besten dran. Das führerlose Volk lief in die Weinkeller, zerschlug die Fässer und ließ den Wein auf die Erde laufen. Sie führten den Bürgermeister Tilen von dem Damme unter schmählicher Misshandlung vor die Stadt, liefen dann in sein Haus und nahmen, was sie fanden, sie legten Feuer an das Haus, dass es bis auf den Erdboden niederbrannte, dann schlugen sie Herrn Tile den Kopf ab. Zu all diesen lästerlichen Missetaten setzten sie aus allen Zünften einen neuen Rat ein, so wie es ihnen behagte. Das Allerschlimmste war, dass sie an die Zünfte aller Städte Briefe sandten, in denen sie ihr Recht dartun wollten und klagten, dass sie zu hart behandelt und beschatzt worden wären, was sie nicht mehr hätten ertragen können. Mit diesen Sendschreiben reizten sie das Volk anderer Städte wider ihren Rat auf, was schwer zu dulden war. Um dieser und anderer Untaten willen wurden sie aus der Hanse der Kaufleute ausgeschlossen, man durfte ihre Waren weder kaufen noch verkaufen. Sie blieben bis ins siebente Jahr außerhalb der Hanse.

D: Koppmann, *Die Chroniken der niedersächsischen Städte: Lübeck*, S. 549 f. – Übers. nach: Bühler, S. 316.

15

Der Limburger Chronist Tilemann Elhen von Wolfhagen blickt auf den Zustand der Stadt in der Zeit vor der Pest von 1349 zurück (Ende 14. Jahrhundert)

In dieser Zeit stand die Stadt Limburg samt ihren Bürgern in großen Ehren. Sie konnte sich ob ihrer Einwohner und ihres Reichtums glücklich schätzen, denn alle Gassen und Winkel waren voll mit Leuten und Gütern. Und man schätzte, dass sie mehr als 2000 mit Panzern und Harnischen und allem, was sonst dazu gehört, wohlgerüstete B[illegible]aufbieten konnte, wenn sie zu Felde zog. Und di[illegible] das Abendmahl empfingen, wurden an die [illegible]eschätzt.

D: Wyss, S. 27. – Üb[illegible]

16

Ulmer Zunftre[illegible]n, 16. Februar 1403

Wir, der Bürgermeister und der große und kleine Rat der Stadt Ulm, bekennen öffentlich, dass eine Weile lang die Rede davon gewesen ist, dass viele von den Grautuchern gerne in die Weberzunft eingetreten wären, wenn ihnen diese sonst nicht gestattet hätte, Barchent [einen hochwertigen Baumwollstoff] herzustellen. Wir waren besorgt und fürchteten, dass hieraus in Zukunft großer Schaden für die gesamte Stadt erwachsen könnte. Denn wäre dies jetzt durchgesetzt worden, wären die anderen Zünfte diesem möglicherweise nachgefolgt. Hierin haben wir aber keinen allgemeinen Nutzen für Arm und Reich erkennen können. Und darum haben wir es vor die gesamte Gemeinde gebracht und ihr dies ausdrücklich vorgetragen. Diese hat uns weise und aufrichtig geantwortet und dies zur Gänze an den großen und kleinen Rat verwiesen. Was diese beschlössen, sei ihr Wille und geschehe mit ihrer vollständigen Einwilligung. Ebenso werde sie dem Rat getreulich beistehen.

[1.] Hieraufhin sind wir zu dem Schluss gekommen und haben bestimmt, dass von heute an künftig keiner unserer Bürger, der ein Handwerker ist und heute das Bürgerrecht besitzt, der Weberzunft beitreten soll. Und diese soll auch keinem ihr Zunftrecht verleihen.

[2.] Dagegen haben wir allen unseren Bürgern und Bürgerinnen, die am heutigen Tag das Bürgerrecht besitzen und seit mindestens fünf Jahren hier ansässig sind, erlaubt, dass ihre Kinder, wenn sie innerhalb der Weberzunft in die Lehre gehen wollen, dies auch tun können. Und wenn die Lehrjahre vorbei sind, können die Weber denselben eingesessenen Bürgerkindern ihr Zunftrecht dann wohl verleihen.

[3.] Zudem haben wir beschlossen: Gäbe es nun in Zukunft einen Auswärtigen – vom Land oder aus anderen Städten –, der das Weberhandwerk betreibt und zu uns ziehen und unser Bürgerrecht erlangen wollte, so darf derjenige von dem Zeitpunkt an, an dem er das Bürgerrecht erwirbt, für fünf Jahre das Handwerk nicht ausüben oder der Zunft beitreten. Ebenso wenig sollen die Weber jemandem das Zunftrecht verleihen, wie oben festgehalten ist. Wenn jene aber nach Ablauf der fünf Jahre, in denen sie das Bürgerrecht besessen haben, der Zunft beitreten wollen oder ihre Kinder in die Lehre schicken wollen und die Lehrzeit vorüber ist, dann sollen die Weber ihnen das Zunftrecht verleihen – aber nicht vorher und ebenso, wie oben beschrieben. Andere Handwerksleute, die zu uns ziehen, sollen sich nicht aufnehmen.

[4.] Handwerksburschen oder -gesellen von ihrem Handwerk, die hier wohnen, aber nicht unser Bürgerrecht besitzen, soll die Dauer ihrer Ansässigkeit oder der Ausübung des Handwerks nicht helfen. Ihnen sollen die Weber das Zunftrecht so lange nicht verleihen, bis diese fünf Jahre lang unser Bürgerrecht besessen haben.

[5.] Zudem wollen wir nicht, dass irgendein Bursche irgendein eigenes Handwerk oder einen eigenen Webstuhl in irgendeiner Weise in Ulm betreibt.

[6.] Ferner haben wir mit Hilfe dieser Ordnung beschlossen und gestatten, dass alle fremden Weber und Weberinnen, die nicht unsere Bürger sind, außerhalb unserer Stadt und außerhalb eines Umkreises von einer halben Wegmeile ihr Handwerk betreiben und an unserer Warenprüfung teilnehmen dürfen. Und wir bestimmen auch, dass unsere Bürger dies auf keinerlei Weise abwehren oder verbieten dürfen. Dieselben Stadtfremden dürfen aber bei der Warenprüfung kein Barchenttuch präsentieren, es sei denn, es sei aus ebenjener Baumwolle gewirkt, die in der Stadt Ulm geprüft und von unseren Prüfern freigegeben wurde.

[7.] Und es sollen auch alle Barchentprüfer jetzt und künftig Gästen keines ihrer Barchenttücher prüfen lassen, es sei denn, dass jeder von ihnen einzeln, es sei Frau oder Mann, aufrichtig und an Eides statt auf immer und ewig gelobe, dass das Tuch oder dieselben Tücher aus keiner anderen Wolle gewirkt seien außer jener, die hier in der Stadt und von unseren Prüfern geprüft und für gut befunden wurde.

Dies geschah am Freitag vor Petri Stuhlfeier [18. Februar] des Jahres 1403.

D: Möncke, S. 254 f. – Übers.: O. Plessow.

17
Auszug aus einer Landshuter Bierbrau-Verordnung, 19. Oktober 1409

Am Donnerstag vor dem Elftausend-Jungfrauen-Tag des Jahres 1409 haben meine Herren, der innere und der äußere Rat, die Zünfte und dazu zweihundert Mann der Tüchtigsten und Besten den großen Schaden angesehen, der jetzt lange Zeit in ihrer Stadt durch arges und böses Bier verursacht worden ist, und haben bedacht, befunden und bestimmt, wie ein jeglicher in ihrer Stadt, der Bier macht, braut oder brauen will, sich mit aller Arbeit, die zum Malzen, Sieden und Bierbrauen gehört, halten soll, wie hernach geschrieben steht, auf dass man wieder gutes Bier erhalte. Dies haben sie befunden um des gemeinsamen Nutzens der Armen und Reichen in der Stadt und auf dem Lande, dass jeder für seinen Pfennig etwas Gutes erhalte. [...]

Ebenso gedenken meine Herren, die Biere alle Jahre mehr denn einst zu versuchen, und wessen Bier nicht gut und richtig wäre, dem wollen meine Herren in dem Keller oder auf der Straße den Boden der Fässer ausschlagen lassen. Ebenso gebieten meine Herren auch, dass man das Bier nicht mehr in Zubern, sondern nur in Fässern heimtragen soll.

Weiterhin soll man kein neues Bier unter das alte und kein altes unter das neue gießen. Wer das übertritt, der soll an Leib und Gut büßen, und seinen Bierfässern soll der Boden ausgeschlagen werden. [...]

D: Heiger, *Bairisches Bierbraurezept vom Jahre 1409*. – Übers. nach: Bühler, S. 387f.

18
Technikfeindschaft in Köln, 1412/13

Von dem Rad, mit dem man Seide spinnt: Es sei bekannt gemacht, dass an unsere Ratsherren herangetragen wurde, dass Walther Kesinger ein Rad verfertigen lassen wollte, auf dem man Seide spinnen und zwirnen kann. Also haben unsere Ratsherren mit ihren Vertrauten, die sie hinzugebeten hatten, überlegt und sich gesorgt, dass – wenn dies geschähe – dann viele Menschen in ihrer Stadt, die innerhalb der [Seidenspinner-]Zunft ihr Auskommen finden, ins Chaos gestürzt und zu Grunde gerichtet würden. Und darum sind sie übereingekommen, dass man weder dieses Rad noch irgendwelche anderen Räder jetzt oder in Zukunft jemals einsetzen soll.

D: Loesch, Nr. 650, S. 418 f. – Übers.: O. Plessow.

19
Auszug aus der Chronik des Burkart Zink – Burkarts Frau trägt zum Lebensunterhalt des Ehepaars bei, 1420

Als ich bei meinem Herrn weilte, da heiratete ich meine Frau, die war die Tochter einer armen Frau und Witwe aus Mering, genannt die Störklerin. [...] Meine Frau hieß Elisabeth und war zugleich die Magd meines Herrn Jos Kramer. Ich war ebenfalls sein Diener, wie oben berichtet worden ist. Und wir heirateten in guter Freundschaft. Dies geschah, als man 1420 Jahre seit der Geburt Christi, unseres lieben Herren, zählte, acht Tage nach Pfingsten. Und als wir nun miteinander die Hochzeit gefeiert hatten, da wusste ich nicht recht, was ich tun sollte, denn ich hatte nichts. Zudem hatte ich die Huld meines Herrn nicht – ich hatte sie verloren, denn er ärgerte sich, dass ich meine Frau geheiratet hatte, ohne mich mit ihm zu beraten. Daher wollte er mir weder Rat noch Hilfe gewähren. Aber ich liebte meine Frau und war gerne bei ihr. Da beriet ich mich mit ihr. Sie war mir wohlgesonnen und tröstete mich und sprach: »Mein Burkart, sei guten Mutes und verzage nicht. Lass uns einander helfen, wir wollen wohl unser Auskommen haben. Ich will am Rad spinnen und jede Woche wohl vier Pfund Wolle aufspinnen, das bringt 32 Pfennige.«

D: Lexer, S. 128 f. – Übers.: O. Plessow.

20
Enea Silvio Piccolomini über die Stadtverfassung von Basel (1438)

Einst war Basel seinem Bischof unterstellt, der die Stadt vom Kaiser als Lehen empfangen hatte. Deshalb besaß er auch die hohe Gerichtsbarkeit und die Aufsicht über die Verbrecher. Später hat er entweder auf äußeren Druck hin oder nach eigenem Willen – darüber habe ich nichts erfahren – auf seine Herrschaft verzichtet. Dennoch erhält er eine jährliche Abgabe von jeder einzelnen Familie als Zeichen früherer Herrschaft und einstiger Macht. Die Bürger aber dienen nach gewissen festen Verträgen dem Kaiser auf eine Weise, daß sie eher als Freie denn als Untertanen gelten können. Denn sie pflegen nicht wie in unsern Städten nach Tyrannenart sich Rechte anzumaßen noch lassen sie sich durch Herrschsucht verblenden. Wenn aber Freiheit darin besteht, nach eigenem Willen zu leben, so sind die Basler wahrhaft frei und leben untereinander nach allgemein verbindlichem Recht. Die Italiener dagegen, um dies von meinem Vaterland – und seis widerstrebend – zu bekennen, werden, gerade weil jeder herrschen will, insgesamt zum Dienen gezwungen, so daß, wer den König oder den

Kaiser verachtet, dem niedrigsten Pöbel unterworfen wird; und so hat bei ihnen keine einzige Herrschaft Bestand und treibt Fortuna in Italien wie sonst nirgends ihr Spiel. Jene [in Basel] aber, zufrieden mit dem gegenwärtigen Stand der Dinge, erhalten ihre Stadt in tiefstem Frieden. Und keiner verrichtet sein Amt für sich selber, sondern zum öffentlichen Wohl. Und obgleich die Herrschaft beim Volke liegt, losen dennoch Adel und Volk die Ämter unter sich aus, so daß keinem je Raum für Klage und Zwist gegeben wird.

Räte haben sie zwei, einen alten und einen neuen. Der neue entscheidet, während der alte überlegt und berät, was er zu tun für richtig hält; und der im einen Jahr der neue ist, wird im folgenden der alte sein. Und in jedem der beiden wird die Sache durch Abstimmung von zweiundvierzig Männern entschieden. In beiden sitzen Adlige und Bürger; von der ganzen Stadtverwaltung kommt dem Adel nämlich ein Drittel zu. Die höchste Gewalt aber liegt in den Händen des Bürgermeisters. Diesen wählen sie ausschließlich aus dem Ritterstand; dem Ritterstand wiederum werden bloß Adlige zugezählt, während ein Bürger nur dann, wenn ihn ein gewaltiges Vermögen oder höchst rühmliche Kriegstaten zieren, des Ritterstands für würdig befunden wird.

Auf den Bürgermeister folgt der Zunftmeister; es bildet nämlich jede Handwerkergilde eine Zunft, das heißt: eine zuständige, oberste Behörde, und über diese alle ist der Zunftmeister gesetzt. Die dritte Stelle nimmt der Schultheiß ein, der dem Volke Recht spricht und weder die schriftlichen Bestimmungen noch die der Gewohnheit übertreten darf. Die todeswürdigen Verbrechen werden durch den Vogt und vierzehn Beisitzende vor dem neuen Rat gerichtet; dasselbe gilt für jede Wundtat.

Die Ämter sind einjährig. Zum Rathaus begibt man sich nur, um Recht zu sprechen oder Rats zu pflegen. Staatliche Gehälter gibt es keine; jeder lebt zu Hause von seinen eigenen Mitteln.

D: Piccolomini, S. 365–367. –

21

Auszug aus der Chronik des Burkart Zink – Burkart und seine Familie erkranken an der Pest, 1438

In dem Jahr, als man [14]38 Jahre zählte, war ein großes Sterben in der Stadt Augsburg, und es starben an die 6000 Menschen. Und ich, Burkart Zink, war ebenfalls schwer krank und hatte ein Gebrechen an zwei Stellen, am Hals sowie an Beinen und am Gemächt. Und meine liebe Frau Elisabeth war schwanger, die war genauso krank wie ich. Man hatte uns schon die letzte Ölung gegeben und es ging uns schlecht, doch erlaubte Gott, dass wir beide wieder gesund wurden, Gott sei gelobt. Danach, als wir von Gottes Gnaden gesund wurden, im selben Jahr am Montag nach Allerheiligen [3. November], da gebar meine Frau eine Tochter, genannt Barbara. Am Freitag nach dem Nikolaustag im selben Jahr [12. Dezember] starb mein Sohn Konrad ebenfalls an der Pestilenz und ist auch unter meinem Grabstein zu St. Mauritius begraben, wo mein Sohn Jakob liegt.

D: Lexer, S. 137. – Übers.: O. Plessow.

22

Berechnung des Lebensbedarfs eines Haushalts im 15. Jahrhundert

Item es ist zu merken, was ein Mann, sein Weib und ihre Dirn (Magd) zu Passau in einem Jahr bedürfen: Wenn das Korn um drei Pfund oder teurer verkauft wird, so müssen drei Personen für Brot alle Wochen vier Pfennige haben, das macht in einem Jahr sieben Pfund Pfennige. Wenn das Korn auf sechs Pfund steht oder teurer, so bedürfen drei Personen um neun Pfennige, macht im Jahr dreizehn Pfund Pfennige.

Für allerlei Fleisch im Jahr: zwölf Pfund. Alle Tage Wein um zwölf Pfennige.

Macht im Jahr acht Pfund achtundvierzig Pfennige. Für Kraut zwölf Schilling; ebensoviel für Milch, für Schuh, für die Schafferin, für das Bad und für allerlei Lichter. Item alle Wochen für Milchrahm und Käse zwanzig Pfennige, macht im Jahr vier Pfund achtzig Pfennige. Item für Holz, Schmalz und Salz fünf Pfund. Item allerlei [...] sechs Schillinge; für Äpfel, Birnen, Rüben vier Schillinge; Item um allerlei zum Naschen [...], Welschnüsse, Haselnüsse zehn Schillinge. Item einem Mann für Hemd, Unterhosen und Hosennestl drei Pfennige; item für Ergänzung des Leib- und Bettgewandes für Mann und Frau vier Pfund Pfennige. Item so bedarf eine Frau heimlich von ihrem Manne ein Pfund Pfennige. Item zu Gevatterschaft, zu Opfer, Beichte und allerlei geistlicher Ordnung zwei Pfund Pfennige. Item für Schüssel, Teller, Löffel, Topfdeckel und Nachttöpfe drei Schillinge.

Summa für drei Personen in einem Jahr einundsiebzig Pfund, sechs Schillinge, acht Pfennige.

D: Wagner, *Lebensbedarf im 15. Jahrhundert.* – Übers. nach: Bühler, S. 316.

Literaturhinweise

Quellen

Bühler, Johannes (Hrsg.): Bauern, Bürger und Hansa. Leipzig 1926.
Hegel, Karl (Hrsg.): Die Chroniken der oberrheinischen Städte: Straßburg. Bd. 1. Leipzig 1870. (Die Chroniken der deutschen Städte. 8.)
Heiger, Karl Theodor von: Bairisches Bierbraurezept vom Jahre 1409. In: Anzeiger für Kunde der deutschen Vorzeit 23 (1876) Sp. 43–46.
Helbig, Herbert / Weinrich, Lorenz (Hrsg.): Urkunden und erzählende Quellen zur deutschen Ostsiedlung im Mittelalter. Tl. 1. Darmstadt 1968. (Ausgewählte Quellen zur deutschen Geschichte des Mittelalters. 26a.)
Helmold von Bosau: Chronik der Slaven. Nach der Ausg. der Monumenta Germaniae übers. von Johann Christian Moritz Laurent. Mit einem Vorw. von Johann Martin Lappenberg. Zweite Aufl. Neu bearb. von Wilhelm Wattenbach. Leipzig 1894. (Die Geschichtsschreiber der deutschen Vorzeit. 56.)
Hergemöller, Bernd-Ulrich (Hrsg): Quellen zur Verfassungsgeschichte der deutschen Stadt im Mittelalter. Ausgew. und übers. von B.-U. H. Darmstadt 2000. (Ausgewählte Quellen zur deutschen Geschichte des Mittelalters. 34.)
Koppmann, Karl (Hrsg.): Die Chroniken der niedersächsischen Städte: Lübeck. Bd. 1. Leipzig 1884. (Die Chroniken der deutschen Städte. 19.)
– Die Chroniken der niedersächsischen Städte: Magdeburg. Bd. 1. Leipzig 1869. (Die Chroniken der deutschen Städte. 7.) Leipzig 1869.
Lampert von Hersfeld: Jahrbücher. Nach der Ausg. der Monumenta Germaniae übers. von Ludwig Friedrich Hesse. Zweite Aufl. Neu bearb. von Wilhelm Wattenbach. Leipzig 1893. (Die Geschichtsschreiber der deutschen Vorzeit. 43.)
Lexer, Matthias (Hrsg.): Die Chroniken der schwäbischen Städte: Augsburg. Bd. 2. Leipzig 1866. (Die Chroniken der deutschen Städte. 5.)
Loesch, Heinrich von (Hrsg): Die Kölner Zunfturkunden nebst anderen Kölner Gewerbeurkunden bis zum Jahre 1500. Bonn 1907. (Publikationen der Gesellschaft für Rheinische Geschichtskunde. 22.)

Möncke, Gisela (Hrsg.): Quellen zur Wirtschafts- und Sozialgeschichte mittel- und oberdeutscher Städte im Spätmittelalter. Ausgew. und übers. von G. M. Darmstadt 1982. (Ausgewählte Quellen zur deutschen Geschichte des Mittelalters. 37.)
Piccolomini, Enea Silvio: Enea Silvio Piccolomini, Papst Pius II: Ausgewählte Texte aus seinen Schriften. Hrsg., übers. und biogr. eingel. von Berthe Widmer. Basel/Stuttgart 1960.
Wagner, Josef Maria: Lebensbedarf im 15. Jahrhundert. In: Anzeiger für Kunde der deutschen Vorzeit 7 (1860) Sp. 244 f. Übersetzung nach Johannes Bühler, Bauern, Bürger und Hansa, Leipzig 1926, S. 316.
Wyss, Arthur (Hrsg.): Die Limburger Chronik des Tilemann Elhen von Wolfhagen. Hannover 1883. (Deutsche Chroniken und andere Geschichtsbücher des Mittelalters. 4,1.)
Zeuß, Johann Kaspar: Deutsche Trachten um das Jahr 1356. In: Anzeiger für Kunde der deutschen Vorzeit 3 (1856) Sp. 174–176, 201 f.
Zoepfl, Heinrich (Hrsg.): Das alte Bamberger Recht als Quelle der Carolina. Heidelberg 1839.

Darstellungen

Bader, Karl S. / Dilcher, Gerhard: Deutsche Rechtsgeschichte. Land und Stadt, Bürger und Bauer im alten Europa. Berlin [u. a.] 1999.
[Umfassende Darstellung der Rechtsentwicklung der mittelalterlichen Städte; differenzierte Ausführungen zur Rolle von Eidgenossenschaften, zur Gemeindebildung und zur Ausbildung städtischer Freiheiten überhaupt.]
Boockmann, Hartmut: Die Stadt im späten Mittelalter. 3., durchges. Aufl. München 1994.
[Reich bebilderter, im Stil eines Ausstellungskatalogs eingerichteter Band; kulturhistorischer Fokus auf der Präsentation der Überreste mittelalterlichen Stadtlebens, insbesondere der Sachkultur.]
Engel, Evamaria: Die deutsche Stadt des Mittelalters. München 1993. – Neuausg. u. d. T.: Die deutsche Stadt im Mittelalter. Düsseldorf 2005.
[Schwerpunkt auf der Entwicklung von Politik und Wirtschaft; Berücksichtigung zahlreicher Beispiele insbesondere auch aus dem Gebiet der neuen Bundesländer.]

Engel, Evamaria / Jacob, Frank-Dietrich: Städtisches Leben im Mittelalter. Schriftquellen und Bildzeugnisse. Köln 2006. [Reich bebildeter Band mit vielen Einblicken in das Wirtschaftsleben mittelalterlicher Städte; viele Textquellenauszüge in hochdeutscher Übersetzung.]

Fuhrmann, Bernd: Die Stadt im Mittelalter. Darmstadt 2006. [Gut bebilderte Einführung; Blick auf die Entwicklung der Stadt im deutschen Sprachraum vor dem Hintergrund der Entwicklung in Flandern und Norditalien; ausgiebige Beschäftigung mit den städtischen Lebensumständen.]

Groten, Manfred: Die deutsche Stadt im Mittelalter. Stuttgart 2013. (Reclams Universal-Bibliothek. 19066.) [Umfassende, chronologisch geordnete Darstellung mit einem Schwerpunkt auf Verfassungsentwicklung sowie sozialen und ökonomischen Aspekten.]

Hirschmann, Frank G.: Die Stadt im Mittelalter. München 2009. (Enzyklopädie deutscher Geschichte. 84.) [Stark verdichtete Einführung in Grundfragen der mittelalterlichen Stadtentwicklung; besondere Berücksichtigung des französisch-deutschen Übergangsgebiets; eigener Abschnitt zu Diskussionen der Stadtgeschichtsforschung.]

Isenmann, Eberhard: Die deutsche Stadt im Mittelalter 1150–1550: Stadtgestalt, Recht, Verfassung, Stadtregiment, Kirche, Gesellschaft, Wirtschaft. Wien [u. a.] 2012. [Standardwerk zu allen Grundfragen städtischer Rechtsverhältnisse und städtischer Verwaltung; intensive Auseinandersetzung mit Sozialstruktur und Wirtschaftsformen.]

Schmieder, Felicitas: Die mittelalterliche Stadt. 2., bibliogr. aktual. Aufl. Darmstadt 2009. [Kompakte Einführung in die Entwicklung der Städte und die Rechtsstellung ihrer Bewohner; besondere Berücksichtigung topographischer Aspekte; Klärung wichtiger Grundbegriffe und Kurzabrisse der Geschichte zahlreicher Einzelstädte.]

Verzeichnis der Karten und Abbildungen